【文庫クセジュ】

コーラン

構造・教義・伝承

フランソワ・デロッシュ著

小村優太訳

Que sais-je?

白水社

目次

序章

このような一大宗教がもとづくテキストの解説をするのは、困難な試みである。ムスリム〔イスラム教徒〕にとってコーランは神の言葉であり、人間にとって必要不可欠なものである。なんとかしてその意義に切り込むのがやっとである。歴史家にとっては、七世紀に人間の歴史に現われたテキストとして関心をひくものである。一方、歴史におけるコーランの深い定着のことを考慮すれば、ムスリムたちは無知とは程遠いということを認めざるをえない。つまり、啓示の普遍的影響力が及ぶ限り、それらの注釈的伝統は、ムハンマド〔イスラム教開祖〕と同時代の人物や出来事について言及するさまざまなテキストのなかに、実際に現われ、ときにはテキストの不明瞭さを解消するための情報を与えてくれる。一方、啓示を取り囲む状況は、きわめて早くから特定の著作の題材となった。しかし七世紀の前半に現われた、同時代の北東アラビアに言語や文化的出自をもつ聴衆へと向けられた説教の一群として、歴史家の視点からそれに手をつけることは可能である。

この著作はコーランに関してであり、コーランのみに関してのものである。イスラーム〔イスラム教〕は、その創設のテキストや流布版（第二章参照）に記されていることに完全には一致することのないようなその他の典拠も含んでおり、その教義のみに帰するものではない。よく知られている例としては、姦通罪の教義が挙げられる。テキストに定められた刑罰は、一〇〇回の鞭打ちであるが、ムスリムの法律においては、この罰を規定した啓示をムハンマドの口から聞いたことを思い出したウマル〔イスラムの第二代正統カリフ〕の布告にもとづいて、石打ちに軽減されている。しかし、この問題点を記憶していたのがウマル一人であったので、編纂者たちはそれを校訂には加えなかった。同様にこの校訂テキストの字義的解釈と、ムスリム注釈家たちが年月を通して練り上げてきた教義のあいだには差異も存在する。その一例だけを挙げるとすれば、ジェーン・マックオーリフによる最近の研究では、コーランに見られるキリスト教徒の紹介の仕方と、ムスリムによる注釈で考察されているものとのあいだに見られるずれに光を当てている。これらの解釈は、ムスリムによって確実に受け入れられているというわけではないが、本書においてはできるだけテキストそれ自体に近いままにするという選択の理由になっている。イスラームについての情報を補完させたい読者は、同コレクション・クセジュにあるドミニク・スルデルの『イスラーム』（Dominique Sourdel, *L'islam*, 2002）、もしくはアリ・メラッドの『現代のイスラーム』（Ali Mérad, *L'islam contemporain*, 2005）を参照するとよいだろう。

後者の著作のおかげでわれわれは、長年にわたりムスリムの注釈家たちから借用したさまざまな図式を組み立てる必要がない。逆に、それは何よりもヨーロッパとアメリカで続けられてきた研究の方向性を思い起こさせるのに役立つと考えられる。これらの研究成果の一つは、西洋言語への翻訳を改善したことであった。たしかに、コーランの模倣不可能性という教義が主張するように、後者は翻訳ではありえず、「解釈の試み」と呼ばれるべきである。しかしアラビア語を理解しない読者がコーランのテキストにアクセスするには、翻訳者たちはムスリム注釈家たちの作品を熱心に研究し、彼らから影響を受けてきたということをよく自覚したうえで、この迂回を行なわなければならない。コーランのフランス語翻訳の多くは良くできている。ここではソブヒ・エル・サレフ博士によって改訂された、ドゥニス・マッソンのものに依拠することにした（ベイルート、一九七七年）。彼の解釈が文献学的観点から疑わしく思えたり、コーランの文体をあまり例証していないように思われた場合は、レジス・ブラシェールに従うか（二五章六、八三章二五、二七、八七章六、九六章一、一〇〇章一～六）、もしくは私訳を提示している（四章三四、一七章一〇六、四一章三、八五章二一～二二）。コーランについての注記はカイロ版のナンバリングに準拠した。ある論点に関して多くの節を引き合いに出せる場合は、一般にわれわれの目的を説明できると思われる節のほうを採りあげた。

第一章　歴史的文脈とコーランの啓示

I　イスラーム初期のアラビア半島

1　環境と人びと

有史時代、アラビア半島は不均衡に占領されていた。南部は農民が住み着き、そこに比較的安定した政権を発達させた。中部と北部は逆に、乾燥した砂漠やステップや山脈の地域である。そこを遊牧民が放浪し、オアシスのおかげでいくらかの定住民の入居が可能であった。紅海にそって連なる山脈は、この点に関してとくにうってつけだった。メッカやヤスリブ（のちのメディナ）またはウーラーなどは、オアシスのおかげでなんとか生きのび、点在していた。これらのあまり好ましくない自然状態は、ある種の見方によれば、地中海世界とインドを結ぶ商路としてのアラビアの位置づけとひきかえのものである。

時代によって、その道はまっすぐ陸路を通るか、半島に沿った海を通過していた。だが、全体として、紅海におけるサンゴ礁と、停泊地の少なさのため、航海には不向きであった。そのうえ海賊が海路に危険を与えていた。アラビアの陸路も、より確実で安全な状態にあるとは言えなかった。移動には、卸売業者と、おもにヒトコブラクダである移動手段を提供している遊牧民たちとの協力が不可欠だった。案内と護衛がこの危険な横断には必要であったが、彼らは交易における脅威を連想させるものでもあった。なぜなら彼らは同時に恐るべき略奪者でもあったからである。この交通は利益を生み出したが、この人びとは、半島の住民の支配の埒外にあり続けた。

アラビアは部族が最も重要な役割を果たしている組織によって支配されてきた。二つの大きなグループが中心であった。南アラブと北アラブである。地域の伝承によれば、彼らはアブラハムの末裔とされていた。前者はイスマーイール／シュマエルの系統、後者はカフターンの系統である。しかし違いのほうがより重要である。ごく最近まで、部族的な土台にもとづいた国家や連邦が非常に広大な領域にまでその支配力を拡大し、中央アラビアのあるオアシスの周りに建設された、つかの間の王国を生み出した。古代において、それはたとえばデダン／アル・ウーラーやカルヤト・アル・ファウなどのケースであった。南アラビアは、その政治的構造がより安定していたことによって区別される。これらの人びとはみな、セム語族に属する諸言語を話していた。それらはおおまかに言って二つのグループに分類される。

アラビア語もその一部をなしている北アラビア語と南アラビア語である。それらは碑文によって知られている。その書かれたものが半島全体で散見されている。

二つのアルファベット方式が使用されており、南アラビアの碑文のものは、二七から二九の子音を数え(母音を抜かして)、そのそれぞれの音素に文字が割り当てられていたため、この言語の表記法にとくによく合致していた。六世紀になると南アラビアの文明は衰退しはじめ、これがアラビアの北部における、より制限された文字数(見解によって一五から一八)で、少なくとも一部分はシリア語に由来していると思われるアルファベット出現の理由の一つとなった。

六世紀後半のアラビアは、外界から切り離された空間ではなかった。商業的視点から見ればそれは、外界からの影響に対して開かれており、肥沃な三日月地帯の外縁にアラブ人が居住していたため、あらゆる種類の交易が容易であった。イスラーム誕生の前夜、アラビアはビザンツとササン朝ペルシアの抗争に巻き込まれていた。南部では、イエメンのキリスト教徒の利益を守るために、ビザンツに圧迫されたエチオピア人たちを追い出そうと、直接の介入を行なっていた(下記参照)。北部では、これら二勢力はそれぞれ、隣接地域に建設されたアラブの王国を支援していた。南東部、こんにちのイラクには、首都ヒーラを中心とするラフム朝がペルシアの側に付き、一方オリエント・シリアとヨルダンにまたがる地域を支配していたガッサーン朝は、コンスタンティノープルの支配下にあった。もっともこの地域における最初期のアラビア語による表記の痕跡である六世紀の碑文には、キリスト教の影響が明らかに見て取れる。

2 諸宗教

宗教的領域は、アラビア半島全体が、その隣人たちによる刻印を刻まれなかったということをよく表している。もちろん、アラビア砂漠の住人は生存にきわめて困難を伴ったため、精神的生活にほとんど関心を向けず、のちにイスラームがこの期間を無明時代（ジャーヒリーヤ）と呼ぶことになるわけが容易に想像できる。古代の異教はいまだ非常に重要であり、メッカの状況はそれを充分に表している。セム的世界でよく知られている教団、たとえば石（霊石）の教団などは、広範囲に広まっていた。天上の神々、ウッザ、マナートもしくは至高神アッラーが崇拝されていた。聖域、たとえばメッカのカアバなどは、ときには巡礼の地とされていた。こういった聖域には、半島の北西にあるサムードからラッワーファのような、部族連合の中心地も含まれている。

しかし、より強い吸引力が勃興してきた。なかでもユダヤ教とキリスト教の信奉者が最初の兆候である。これら二つの一神教がもたらした最初の衝撃は、相当強力だったと思われる。アラビアに居住していたユダヤ人たちは、おそらくもともとは二世紀から続くローマによる介入の散逸者であったが、改宗者も数多くいた。共同体は北西のオアシス（タイマーやヤスリブ）に設置されたが、四世紀の終わりごろには、ヒムヤー系の王国がユダヤ教的傾向を示していた。六世紀のはじめ、彼らの君主の一人が、公然とユダヤ教の味方をしはじめ、キリスト教共同体とのあいだに、「国際的な」抗争を引き起こし、最終的に、キリスト教を守護するためにビザンツの圧力を受けたエチオピア皇帝カレブの介入を招いている。

実際にはキリスト教も同じようにいくつかの地方で伝播を開始していたのだが、この時代に現われた大勢力、たとえばその旗手であるビザンツとの自発的な協力によって、その拡散は局所的に抑えられていた。南アラビアはこういったケースだったと考えられる。ただしそういった地域でも、考古学や文書資料によれば、とくにナジュラーンの共同体が知られていた。その他にはペルシア湾岸においても確認されているし、中央アラビアではキンダやヒジャーズなどの部族連合も明らかになっている。イブン・ヒシャームによるムハンマドの伝記によって、預言者の従兄弟、ワラカ・イブン・ナウファルがキリスト教徒であったことを思い出すことができる。ただしこの情報の歴史的価値に関しては議論の余地がある。ビザンツとガッサーン朝によるアラブ同盟と、ササン朝、ラフム朝の同盟のある部分はキリスト教になっており、ヨルダンやヒーラの王国の南東部（クウェートや湾岸）など前者の領域の西部にあった教会の最近の発掘が、この状況を裏づけている。さまざまな宗派（ネストリウス派、メルキト派、ヤコブ派）

があり、それらの専門家たちも、エビオン派や、キリスト教徒を意味する語（naṣrānī、複数形 naṣārā）を語源にもつナザレ派など、異端分派の存在をおおやけに明らかにしていた。北西アラビアにおいては、これら異端はあまり重要でないとする歴史学者たちの意見は再検討すべきではないだろうか？　いずれにしてもコーランにおける重要な文章へのキリスト教の影響を明らかにした近年の成果を取り入れるべきであろう（第六章参照）。また、マニ教の影響も同様にこの地域の方々に伝えられたと見ることができるだろう。

さらにわれわれは、アラビアにおいて先祖伝来の異教がもたらすよりもより高度な精神生活を求めていた人びと、つまりコーランやムスリムの伝承がハニーフと呼んだ人びとの存在にも触れておこう。記録によれば、彼らはユダヤ教徒でもキリスト教徒でもなく、アブラハムの遺産に関係していた人びとであろう。この精神的運動の実態は、現代の専門家たちのあいだにイスラームの始まりに関する論題をもたらしたのである。

Ⅱ　ムハンマドとメッカへの伝道

ムハンマドはおよそ五七〇年頃に生まれた。正確な日付は不明だが、ムスリムの伝承では、彼が生まれたのは、南アラビアのエチオピア人司令官が半島北部への遠征を行なった「象の年」のある日であるとされている。少なくともこれによってコーランの五五章が説明される。これに反して、古代アラビアの歴史家たちは、この事件は預言者誕生よりも以前であると見なしている。一般に、彼についての出来事であると見なせる伝記的情報はほとんどない。コーランはこれについての直接的情報を含んでおらず、もっぱら暗示であり、ムスリムの伝承物語群の歴史的価値は非常に幅がある。コーランの特定の文脈とムハンマドの生涯におけるエピソードとのあいだの比較や関連づけは、しばしば利用しづらいようである。その代わり、テキストの年代記（六章参照）や、コーランの主題や文体についての研究成果も、イスラームの預言者の履歴をそれぞれ異なった位相で総合的に教えてくれる。

彼の家族は、クライシュ族のメッカの部族連合に属していた。彼の父アブドゥッラー（強い異教の痕跡がある別の名前と取り替えられた名前だという説もある）は、彼の生まれる前に亡くなった。母アミーナは、彼がまだ子供だったときに死亡した。ムハンマドは彼の祖父アブド・アル・ムッタリブによって育てられた。祖父が死んだのちは、彼の叔父でアリー〔ムハンマドの従弟で女婿。第四代正統カリフ〕の父であるアブー・ターリブが若きムハンマドを引き取った。ムハンマドには個人的な資産がなかったため、のちに彼が結婚する（五九五年頃）ことになる裕福な未亡人ハディージャに仕えた。それから彼はキャラバン商人としての人生を送り、若年時代に直面した物質的不安とは無縁な生き方を知ることになる。伝承によれば、シリアへの旅行で彼はキリスト教の修道士との接触をもったということである。しかしながらコーランに現われているキリスト教についての理解は、非常に不正確な段階にとどまっている。

ムハンマドの伝道の開始についてはいまだよく知られていない。どれが最も古い啓示なのだろうか？ムスリムの伝承は、ムハンマドに使命を授けていると言われる七四章と九六章のあいだで揺れている。

「ああ、外套に包まれし者よ！　起き、そして述べ伝えよ！」（七四章一〜二）

「創り主たるお前の主の名において説き勧めよ！」（九六章一）

いずれにせよ伝承によれば、天使ガブリエルが六一〇年頃のラマダーン月の最中に彼のもとに現われたとき、彼は四十歳だったという。そのとき彼はメッカに程近い洞窟で、習慣としていた瞑想を行なっていた。この説明は「運命の夜」について述べられている九七章を根拠としており、一般的にはラマダーン月の二十七日とされている。神への感謝を表明することへのいざないと、ムハンマドの役割の確定ということのほかに、神の善意、彼の全能、また最後の審判への眺望がこの最初の位相の中心的な主題となっている。非常に短いこれらの節は、深い詩的強度につらぬかれている。

何年ものあいだ、ムハンマドは彼の体験と彼が聞いたメッセージを、近しい家族にしか話さなかった。最初の信者はハディージャ、彼の従兄弟アリー、彼の義理の息子ザイドである。それから彼は大衆に啓示を与えようとした。ここに二人の人物を見ることができる。のちのカリフ（ムハンマドの後継者。「代理人」が原義）となるアブー・バクルとウマルである。彼らはかなり早い時期に信徒の集団――とはいえ大多数は下層階級であった――に合流した。最初は彼の倫理的な宣教に無関心であったメッカの貴族階級たちは、ムハンマドが、下された一神教の託宣を明らかにし、メッカの異教の神々を非難したため、敵意をもった。コーランにおいては、過去に特定の民に遣わされ、真価を認められなかったある預言者の主題が、この時期に帰せられる文脈中で大きな位置を占めている。こういった仄めかしは、これら前任者たちに仮託して、ムハンマドが体験したことに帰されていると考えられる。ときどき表面化する論争的な調子は、激化する緊張を反映している。地獄の苦痛と天国の喜びは、より詳細に語られている。

彼らの関係が進展するにつれ、困難は多岐にわたっていく。何人かの信者がエチオピアに移民せざるをえない（六一五年頃）状況にまで至り、ムハンマド自身は、ハディージャとアブー・ターリブの死により立場が弱くなり、生まれた街から共同体とともに離れることも考慮に入れなければならなくなった。さまざまな接触がもたれたが、うまくいかなかった。ムハンマドに服従し、偶像を放棄すると約束したヤスリブの住民とのあいだに結ばれたアカバ同盟によって最終的に和解をみる。宣教のメッカ時代が終わりを告げようとしているこのとき、アブラハムの預言者像が新しい位置を占めはじめていると同時に、宣教はメッカのみよりも大規模な聴衆へと向かっていったと考えられる。少しずつ弟子たちはメッカを離れていった。ムハンマド自身は六二二年九月二十四日、密かに街をあとにした。これがヒジュラ、もしくは聖遷である（一年の第一ラビーウ月十二日）。これが、六二二年の七月十六日を紀元とするムスリムの暦の設立である。

Ⅲ　ムハンマド、メディナへ

まもなくメディナという名になる（正確には Madīnat al-nabī、預言者の街の意）ヤスリブへの移入とともに、ムハンマドは国家の元首になり、彼の権威は神に与えられた使命によって基礎づけられた。伝統的な部族的組織に、移住してきたメッカの信者ムハージルーンとメディナの住民（アンサール、支持者の意）が同じ信仰のもとにまとまった共同体が取って代わった。実際ムハンマドは、彼の宣教が受け入れられることを望んでおり、彼らと公然と対立することになるのを段階的に避けてきた、ユダヤ人部族の存在が状況を込み入ったものにしていた。

とはいえ、メッカの人びととの敵対が終わることはなかった。移民者たちの生計を立てさせるために、ムハンマドはシリアから帰還するメッカの商隊への最初の作戦に着手した。その成功ののち、バドルの戦い（六二四年三月）のさい最終的に一掃されることになる抵抗勢力と衝突する第二の作戦を始めた。共同体にとっては、異教と戦うことに対する神の支持の証しであると強く感じられた勝利だったが、メッカの人びとの反発を引き起こした。ここに至って大軍をもってメディナに対抗し、ウフドにおいて、ムハンマドの信徒たちに敗北を味わわせることになる（六二五年三月）。メディナに対して六二七年四月に企てられた作戦では、メッカの人びと自身は反対に、ムハンマドに雇われたペルシア人の指示による塹壕によって阻まれることになった。彼らは包囲を解き、撤退した。この時期、メディナの軍営のなかで緊張関係が浮上した。アンサールのなかのある集団、すなわちコーランが偽善者（ムナーフィクーン）と呼んで公然と非難する者たちがある条件を提示したのだ。六二七年の成功をもって、この対立者たちの陰謀は、この新参の共同体への脅迫というかたちをとるのをやめた。

こういったさまざまな波乱は、批判的で偽りの忠誠を誓っていたメディナのユダヤ部族との関係に影響を与えた。六二四年になってからの、礼拝の方角（キブラ）の変更は、ユダヤ人との協調計画の終わりを意味している。もはやイェルサレムには向かわず、メッカに跪拝することによって、ムハンマドはユダヤ教との関係を断ち切った。バドルの戦い以降、バーヌー・カイヌカーウの一族はその所有地を捨て、シリアに向かわざるをえなくなった。亡命――今度はカイバルのオアシスに向かって――は、ウフドの戦い直後のバーヌー・ナディールに科せられた運命だった。コーランはこの出来事を暗示的に繰り返し、とりわけユダヤ教への非難を表している。メディナの最後のユダヤ部族、バーヌー・クライザは悲惨な運命を経ることになった。六二七年の包囲失敗ののち、男たちは処刑され、女たちと子供たちは奴隷として売られたのだ。

ムハンマドはその時からメッカの指導者となる。彼は再びメッカへと向かうことを企てることができた。六二八年の三月、彼はそこで異教の儀式による巡礼を成し遂げるためにメッカに向かった。しかしメッカの人びとは彼が街に入ることを許さなかった。それでも、両者はフダイビーヤにて合意に至る。それによりメッカの人びとは翌年、ムハンマドと仲間たちが巡礼の儀式を成し遂げることができるように、三日間メッカを明け渡すとともに、一〇年の休戦を認めた。

彼との交渉を受け入れると同時に、メッカの人びとは、改宗したベドウィンやクライシュ族との同盟という手札によって増大したムハンマドの力に気づくことになった。さらに、何人かの反対者を物理的に排除することはこの新興の神権政治を恐ろしいものにした。このような状態のなか、ムハンマドは六三〇年一月、休戦を破棄し、降伏を申し出ていたメッカに向けて行軍した。武装状態でムハンマドは街に入り、聖地に押し入り、それから偶像を排除した。アラビア半島の大部分は今や彼の支配下にあった。ビザンツ支配下のシリアへの挫折した遠征は同時に、アラビア半島の厳格な境界線を越えた政治的拡張主義の始まりを示している。六三二年、彼はみずからが決めた儀式に則った最後の巡礼を成し遂げた。この年の六月八日、高熱によって亡くなる（ヒジュラ暦によれば、一一年、第一ラビーウ月十三日）。いくつかの資料によれば、最後に受け取った啓示は、彼の死に先立つこと約一〇日であったという。

コーランの文体に関しては、メディナ期のスーラ（章）はメッカ期のものほど多様性に富んでいない。さらにいくつかのものは異なった要素から構成されていることがきわめて明白である。一般的に、それらの節の広がりはより古い層（メッカ期）とまったく逆であり、それらのリズムはほとんど息切れせんばかりに間延びしている。共同体の歴史が暗示的にそこに現われている。先に言及された出来事の反映は時にはかなり正確であり、メディナのユダヤ人との抗争やメッカの人びととの敵対や交渉がさまざまな文脈から透けて見える。しかし時に、テキストに痕跡が残されている、より奇妙なエピソードもある。たとえばムハンマドの最愛の妻、アーイシャが彼女の義務を怠ったのではないかという疑い（不倫の疑い）がもたれたが、最終的に啓示が無実を証明したという出来事がそうである。こういったケースの場合、コーランはやはり第一義的に広く教訓を示している出来事ほど強調していない。むしろこの時代を支配することなく、共同体の生活を規定する諸々の指示は、新しい状況を反映する重要な役割を担っており、ムスリム法の下絵を作り上げている。

Ⅳ　啓示――本質、状況、保全

ムスリム世界の外では、かつてムハンマドの宣教は最悪の場合ペテンであり、良くても病的な状態の発露であると見なされていた。こんにちでは、もはや彼の精神的経験の信憑性が再び問題として取りざたされることはなく、大部分が認められている。ある一つのヴィジョンが彼の使命の大本となっているようである。コーランの二つの文章（八章四～一八、そして八一章二〇～二三）はこの決定的な瞬間の実態を強調している。一つめのものはその内実の詳細を示している。この最初のエピソード以外の、のちの啓示は本質的に聴覚的である。つまりムハンマドは告げ知らせるべき託宣――それは短い断片のかたちで彼にはっきりと告げられる――を聞いたのである。

「これは我らが断片にした啓示（クルアーン）であり、それは汝が人びとに所々を朗誦するためである」（一七章一〇六）

この瞬間の状況と展開は、いまだに謎めいた部分のままである。コーランはほんのわずかな情報しか提示しておらず、多くの場合、より豊かな伝承に信用をおくことはできない。霊感の大本は疑いようもないが、神との直接的関係についての問題は、それを含んでいるとされるいくつかの古い文章において示されている。

「我らは汝に朗誦するようにさせた。よって汝は忘れぬであろう」（八七章六、同様に五三章一〇）

おそらくメッカ期の終わりから、仲介者がムハンマドにコーランを伝えなければならないという考えが発達していったのであろう。

「げにコーランは万物の主の啓示である。忠実なる聖霊がそれを携え、汝の心に下したのだ」（二六章一九二〜一九三）

神の言葉を伝える責任がある仲介者の身分が明らかにされているのは、きわめて遅い時期の文章にしか——ひとつしかない——見られない。それは、啓示の伝統的な提示にもとづいている節である。つまりそれは天使ガブリエルである。

「神の許しをもって汝の心にそれ以前のものの確証となる書物（キターブ）を下すものが彼（ガブリエル）

である」（二章九七）

ここで、啓示に全体として与えられている名前キターブ（kitāb、書物の意）は、コーラン・テキストがみずからを指し示すときに使用する用語である。特定の啓示を参照する必要がある場合には、「徴《しるし》」という意味から「節」という意味に変化した、アーヤ（āya）という語が使われる。啓示を受け取ったのはムハンマドである。したがってそれを知らしめるのは彼の役目である。しかし彼はそれを行なう前に時を待ち、急がないようにと言われた。

ムハンマドは、啓示を受け取ったものの責任の重大さを強く感じていた。コーランのテキストからは少ししか推察できないが、彼の精神的経験は、とりわけその初期においてとくに辛い時期を伴った。さらにこの呼びかけは、彼に耳を傾けることを拒絶した人びとからの批判と嘲笑を買った。多くの節では彼が人間であると強調しており、同時に彼はジン〔イスラームの伝承に現われる想像上の存在〕に取りつかれてもいないし、うそつきでもないと述べている。同様に、彼が述べ伝える託宣をよく知られた他愛もない作り話にすぎないとしたメッカの人びとからは、馬鹿げたものであると見なされた。コーランはこれらの非難の痕跡も残していると考えられる。

「これらは昔の人びとによって語られたお話にすぎないのだ」（六章二五）

外的な影響——とくに過去の聖典からの（第六章参照）——の可能性は、預言者は読み書きができなかったと主張するムスリムの伝統によって、多くはのちに繰り返し論じられている。彼らはムハンマドが使ったummī（ウンミー）という形容詞をその根拠としている（七章一五七、一五八）。その点に関しては、大部分が非ムスリムである近年の注釈家たちが、これに似た文章中、とくに二章七八と六二章二に、同じ形容詞が「異教の、不信心の」という意味で、聖典を所有している人びととの対比として使われていることを指摘している。

「彼らのうちの何人かは不信心者ummiyyūn（ウンミーユーン）である。彼らは聖書を知らないのだ」（二章七八）

この語義（不信心）は一般的な用法からは外れているが、中世の注釈家たちには知られていた。よってウンミーを「文盲の、読み書きができない」の意味で理解するのは不可能ではないだろうか。逆に、コーランが繰り返しているように、預言者は書くことができたというメッカの人びととの反論が価値をもつと考えられる。

「彼らは言う『これらは彼が書き、朝も夜も口述筆記させた、我らが祖先の物語である。』」（二五章六）

ムハンマドが文盲ではないということや、伝承によって伝えられ、筆記能力について想定されてきた彼についてのさまざまな逸話が根拠をもっているというのは本当であると考えられる。

文字による預言の保全は預言者の存命中から、おそらく部分的には彼の権威のもとに、始まっていた。

反対に、彼の監督下で実現された完本の存在はいまだ論争の対象とされている。歴史学者たちはこの問題を共有しているが、ムスリムの伝承は——部分的に言及するとはいえ——これを完全に避けている。コーランのテキスト自体は大量の文書を参照しており、これはメッカにおける宣教の時期から見られる。とはいえこの時代に遡る文章、とりわけ一七章九三や六章七は、すでに受け取られた啓示群は存在しないことを仄めかしている。一九章に含まれる数々の勧告、前任者たちの同時代の「文章において言及されている」さまざまな追加されたエピソードは一方で、記録の形態を示唆している。メッカ期の終わりに増大していったスーラの複雑さもこれを率先して行なわせる原因となったということは同様に強調していいだろう。

メディナへの移住ののち、この点に関する徴《しるし》は、とくに伝記物語のかたちで多様化していった。この時期に書かれたと思われるコーランの文書はいかなる物質的痕跡もわれわれには伝えていない。リチャード・ベルによれば、コーランのテキスト自体に、その痕跡が保持されているのだという。似たような長さの文章の境界を分ける区分けの最後を調べてみると、「紙の切れ端（何か小型の媒体を指し示している。紙はこの時代に存在していなかった）」と呼ばれるものの上に書きとめられた啓示がそこに認められることが示されている。最初の啓示が一方の端に、そしてもっとあとのものが、もう一方の端に書かれた。預言者の死後、完本が作られた頃、写本者たちは、それらがまったく別の要素であるという事実を見落として、二つの記述を順番に繫げて写してしまったのである。この説明は、いくつかの文章には充分満足のいくかたちで当てはまる（たとえば、七五章一三～一六もしくは八八章一七～二〇）。しかしこれを体系的に当てはめることは必ずしも適切ではないし、われわれのコーランに対する理解を相当に推し進めてくれるようなものでもないだろう。

一方、人間の記憶がムハンマドの存命中の啓示を保存する第一の方法であった。それはア・プリオリにリスクを免れているわけではないが、コーランは意識を楽にさせる解決策を有している。なぜなら節を忘れるということは、神慮にそった廃止の方法だからである（二章一〇六、本書第二章参照）。コーランの口頭伝承の特徴の一つは、おそらく記憶にとどめるということと関係しているであろう。実際ムスリムの伝承は、その時期に多くの「朗読」――qirā'at（キラーアート）は「朗読」というフランス語に翻訳される用語だが、格段ふさわしいわけではない。なぜならこれはコーランを暗誦する方法のことだからである――が共存していたことを知らせてくれる（第四章参照）。二人の信者が同じ文章を大きく異なった方法で暗誦し、この対立をムハンマドのところまでもってきたが、彼は二人ともを帰らせたという逸話は、コーランが「七つのハルフ」によって表わされていることを示している。他の人がすでに指摘しているように、おそらくそこには以後の状況が過去に投影されているのであろう。しかしこの逸話によって、コーランは、多くの伝承形態で存在していたが、実際にはそれほど対立しないかたちで彼らのあいだに提示されていたと理解することができるだろう。

イスラームにとって、下された託宣は神の言葉であり、ムスリムはコーランが特別な本であるということを深く自覚している。アラビア語は啓示の言語であり、コーランはアラビア語話者ではないものも含めた信者のものであるという卓越した地位をも同様に明示している。

「これは明確な書物の節である。我らはこれを汝にアラビア語のコーランとして下させた」（一一章一〜二）

さらに先を見てみれば、コーランは、神が人びとにみずからの言葉を知らしめるエピソードによって延々と続いている人間の歴史の一環をなしている。古い啓示の数々、たとえばユダヤ教のものは不完全であり（四章四四）、コーランが最終的な補完をもたらしたのである。

コーランの託宣は誰に対して伝えられたものなのか？　いくつかの節は、ムハンマドと人びとに神的な託宣をもたらすために神から遣わされた古代の預言者たちとの類似性を明らかにしている。彼らのように、ムハンマドもみずからの民に彼の言葉で述べ伝えるために使命を受け取った。このような彼の役割の限定的な定義は、ムハンマドの託宣はより多くの聴衆――それが人類全体だろうと、啓典の民だろうと――に向けられているという他の託宣と対立する。この観点の相違は部分的にはメディナへの移住によってもたらされた変化と関係している。

第二章　構造と言語

I　テキストの構成

1　コーランの名前

コーラン（coran、以前のフランス語ではAlcoranであった）という名称は、アラビア語のQur'ān（クルアーン）を由来とする。その語はテキスト中に約七〇回ほど繰り返し現われており、ほとんどがバドルの戦い（六二四年）以前の節においてである。それは以下のような節である。

「これぞ徴《しるし》（āyā、複数形 āyāt）が明白に記された書物、理解のある人びとへと向けられたアラビア語のコーラン」（四一章三節）

ムスリムの伝統では、それはqara'a、（朗誦する、もしくは読むの意）という動詞を由来としている。フリードリヒ・シュヴァリーは二十世紀初頭に、それが宗教典礼の途中に行なわれる朗誦を意味するシリア語の単語 qeryāna からの借用語であると提示したが、この近似性、ときには同一性は現代の研究者によっても広く繰り返し述べられている。とはいえこれが唯一の名称というわけではなく、しかも現代の読者は、コーランがみずからに言及するさいの頻繁さに打ちのめされてしまうだろう。

ときにはコーランと同義で使われるキターブ（書類、本、聖書）という、おそらくはアラム語が原義の言葉はテキスト中に二五五回現われる。その意味は多岐にわたり、場合によっては定義を明確にするのが困難である。それが天界の原型的存在であるという暗示が注釈者によって見出されるような節においてはとりわけである（たとえば、四三章一〜四節、五六章七六〜七八節）。キターブは全体的に啓示に等しく関わっており、コーランはその一部でしかない（たとえば、一〇章三七節）。先に引用した節で「コーラン」と「書物」以外に目を向けてみると、徴《しるし》（アーヤ）はシリア語からの借用語で、まずは奇跡的な意味を含意する「徴」を、そして二番目には「神によって示された託宣」を意味する。コーランもしくはスーラ（Sūra、sourate という単語の起源）のように、それは啓示の基本的構成要素を参照するものであり、それは当然ながら、節よりも重要な基本要素である。のちになってアーヤ（āya）が「節」の意味を持ったにすぎない。他の言い回しをすれば、ズィクル（dhikr）、ズィクラー（dhikrā）、タズキラ（tadhkira）となり、それらは「警句」や「警告」を暗示し、啓示に関係している。さまざまに解釈されてきたマサーニー(mathānī)という単語と同じである。そして「七つのマサーニー」(一五章八七節)は、七つの節から成り立っているコーランの最初の章、ファーティハを意味していると、ムスリムの伝統において理解されてきた。

2 テキストの分類

現在ムスリム全体に受け入れられており、また以下の頁で流布版という名称が与えられる校訂本では、コーランは一一四の章、またはスーラで成り立っている。ムスリム伝統では、スーラには表題が記されている。それが中心的な主題に由来するにせよ、頻出する単語に由来するにせよ、一般にスーラの始めにある。それらの表題は啓示の一部をなすものではない。なぜなら多くの表題が歴史を通じて同一のスーラを表わすための名として使われてきたのだから。間違いなく非常に古いこの体裁の起源ははっきりしない。スーラという言葉はコーランのなかに現われるが、その意味からは、われわれが知っているような文章のまとまりが形成された方法も、それらが作成された日付もほとんどわからない。ムスリムの伝統的な物語は、ムハンマドが今しがた啓示された節をこれこれのスーラの内部に置くようにと指示しているさまを描き出している。しかしこういった教義の史実性は立証するのが困難である。西洋の専門家はこの問題に関して二分される。テオドール・ネルデケは、組み合わされたスーラが、預言者や教友や後継者の没後に校訂本に組み入れられたとしている一方、フリードリヒ・シュヴァリーはテキスト分析にもとづき、コーランの重要な箇所はすでに預言者の存命中に最終的な形体をもっていたと主張している。アンゲリカ・ノイヴァートは部分的にその意見に賛成している。

スーラは、おおまかに言うと長さが減少していくような順番で並べられている。最も短いものの一つとされている最初のスーラは例外として。誰がこの配置の選択を行なったのだろうか？　注釈者たちはこの点に関しての不明を白状し、この配置の理由がいまだ不明瞭であることを認めている。現状では、グループ分けの配置は長さとは関係のない要素、のちほど問題になる「神秘文字」にもとづいてなされたようである。ムハンマド存命中の改宗者、つまり教友によって七世紀に成立した、流布版と競合する諸校訂本では、部分的な順番異同が認められるが、その異同は関係のあるスーラの節の数に関する相違にもとづいたものなのかどうかはわからない。これら諸校訂本においても、スーラの総数は時にはわずかに違っている。とくに預言者の教友、イブン・マスウード（六四〇年頃没）によるものは最初（ファーティハ）も最後の二つも含んでおらず、また他の教友、ウバィイによるものは一一六章で構成されている。

次にそれぞれのスーラが節またはアーヤに分割される。この用語は先に問題となった。それはア・ポステリオリに成立した作品の単位ではなく、もともとの特徴である。ただし、現存する、より古い写本や断片は節の終わりを精細に書きとめている。それらの最後が韻において一致するにもかかわらず、アラビア語の構造は、前後する節の終わりと他のものとが最後の部分で一致するために、一つであると見なされうるのか、あるいは二つの節かという迷いが散見される。これは、ムスリムの伝統がさまざまな切り分け方を認めているということを説明している。しかしそれは、競合する伝達によって設けられたような、多くは軽微な違いにすぎない。流布版は六二三六で出来あがっている。これは、韻の母音調和の作用が所々において行なわれていたことと相容れないわけではない。たとえば、二三章一二〜一六節において、-a の半諧音を成している古い啓示は、次の節と韻を踏むように -in で終わっている短い要素によって補完されている。この調査は、スーラはテキストが構築された後世の様式を反映しており、一貫した通時的な啓示の実際の記録ではないという考えには重要な論拠を与えている。

すべての冒頭には、スーラの同一の決まり文句、バスマラが見られる。それはビスミッラーヒ・ッラフマーニ・ッラヒーミというものである。第九スーラのみがこの法則の例外となっている。これは元来非常に長かった第八スーラを二つに分割した結果であろう。コーランにおいて、バスマラはほかにもソロモンがシバの女王に宛てた手紙の最初（二七章三〇節）や、また似たような言いまわしで、伝統的に最も古いとされている啓示の一部（九六章一節）に現われている。バスマラは普通フランス語においては「慈悲深き慈悲あまねき神の名において」と訳される（本書第三章を参照）。

十世紀はじめ以来、徐々にこういったかたちになったと思われる現在の版では、章の表題は、節における指示や啓示の場所に続き、各々のスーラの最初に位置し、テキストの後続の部分から、印刷やもしくは装飾で区別されている。バスマラ自体は、最初の行と切り離されている。

かなり初期に（七世紀の終わりごろか？）、コーランを分割するもうひとつの方式が開発された。テキストの文字全体が確立されたのちに、賢者たちは同じような長さになるようなさまざまな分割の方法を決定した。それは実際に当該節の最後で分断する方法で、半分、三分の一、四分の一、五分の一などから、三十分の一や六十分の一までである。これらの分割のいくつかは他のものよりも一般的になった。とくに最後の二つ、三十分の一と六十分の一がそうである。これらは通常、コーランの本の余白に記されてきた。それぞれのヒズブは、つぎにさらに四分の一に再分割される。これらの分割はそもそもコーランを六十巻ずつ二つにしたものが始まりである。

3「神秘文字」

二九のスーラのテキストは、バスマラ以前に、一つ以上、多ければ五つのアラビア文字で始まっている（一九章、四二章）。そのように始まっているスーラのいくつかは、そういった最初の文字をもっていない他のスーラのなかで孤立しており、またあるものは逆にひとまとまりにされているが、すべては第六八スーラよりも前におかれている。朗誦のさい、信者はそれらの文字の名前を発音する。現代アラブの正書法では文字は他の文字とつなげて書くにもかかわらずである。こんにちまで、十三世紀にもわたって注釈者たちの努力がなされたが、これについて満足のいく説明を提示することはできなかった。西洋と同様に東洋でも、この神秘を解析したと匂わす者がいた。いわく、省略、象徴、注意をひきつけるための手段、または啓示の分類であるなどと述べている。レジス・ブラシェールによれば、「これらの神秘を突きとめようと無謀な企てを試みた敬虔なムスリムたちは、疑いなく賢くあろうとした唯一の人びとであった」。

Ⅱ　コーランとその年代記

1　年代決定の伝統的手法

しばしば簡潔で暗示的なコーランの文体は、早い時期からさまざまな注釈の開花が示しているように、古くから信者たちに理解に関する問題を示してきた。しかしむしろ、その議論は、コーランに関する、奇妙さや曖昧さの概念を呼び起こさせるものであった。そのうえきわめて早くから、廃止されたものと廃止したものの概念（下記参照）によって、神聖な宣託が権威づけたものを区別するため啓示の年代記が形成されることを必要とした。この事実によって、それらを取り巻く状況にあわせられた伝統的な知の分野は、それらを年代決定するため、いやむしろそれらの意味を理解するための要素を提供しながら発展した。そこで注釈家は、これらの説明的な説話を念入りに記録した。たとえば、五章三で列挙されている食物規定は、異教徒が誤って理解したので、ムハンマドがそれらを改めて受け取ることによって補完された。預言者の回答は、実際には、食べることが禁止されている動物でも、信者がみずからそれらの喉を切って殺したならば食べてもいいが、もし神がそれらの死の原因であれば（事故死、病死）食べてはいけないというものであった。また第四節では、それらは神の名において捧げられなければならないとしている。

多くの場合において、非常に漠然とした暗示や典拠を遅疑なく識別する注釈家たちの「無遠慮な賢しさ」には、留保の態度を採らざるをえない。とはいえ、多くの節にはこういった種類の説明を見いだすことはできない。それでも、コーランのテキストの多くの場合は、おおよそであっても、あるものに関しては実際の時間を特定できるような特定の状況を反映している。

2 「廃止したものと廃止されたもの」

コーランを体系的に読もうと取りかかる現代の読者は、ワインの消費に関する節に出会うだろう。

「彼らは汝にワインと賭博に関して質問している。言え。『それらは両者とも、人間にとって大きな罪と利点を有している。しかしそこにある罪は有用性よりもはるかに大きいのだ』」（二章二一九）

そこから少し離れたところに、第二の文章が見つけられるだろう。

「ワイン、賭博、聖石、占いの言葉は、唾棄すべきことがらであり、悪魔の所業である。それらを避けよ」（五章九〇）

最後に、一六章も同じ主題の節を含んでいる。

「汝らは、うっとりするような飲み物と、椰子や葡萄の素晴らしい果実を再び手に入れる」（六七節）

こういった教えの対立によって生じる重大な相違に関して、コーラン自体が返答している。

「我らがアーヤを廃止したらすぐ、もしくは我らがそれを許可したらすぐ、我らは他の、より優れた同種のものと置き換えるのである」（二章一〇六）

ムスリムの伝承はここにおいて、アーヤという言葉に「節」の意味を与え、このテキストにおいて食い違っている文章を切断する手段を提供している。廃止したものと廃止されたものの教義の基礎としたのである。先ほどの例において、五章のものは、二章二一九を廃止しており、それ自体が一六章六七の代わりとなった。「剣について」という特殊な節（九章五、本書第三章参照）は、より古い別の一二四を廃止したとされている。多くの伝統的文学が、このアプローチにかかわりうるさまざまな場合を検討しているとはいえ、それらのうちの二〇がムスリム注釈家たちと意見の一致を見ているのみである。いずれにせよ、コーランの内容は一つも削除されていないという信者たちの信念はこの教義の影響を受けてはいない。

そのすぐれた機能は自然と、どれがより新しく、最新の形態を表わしているのかを知るために啓示の年代を決定できるほど正確な知識を維持させた。その他に、古典的な解釈は、それぞれの節の降下（もしくは啓示）を取りまく状況に応じた方法を典拠としている。それらのすべては、ムハンマドの伝記と、彼の周囲に形成された共同体の歴史への早くからの興味から生じた。伝統的な賢者は、すでに言及された資料を支持しており、スーラの年代順の分類の起源は、コーラン解釈の創始者、イブン・アッバース（六八八年没）まで遡る。こんにちにおいては、十世紀に現われた、写本のそれぞれのスーラを「メッカ期」と「メディナ期」に分ける方法に従っている、カイロ版（本書第四章参照）にそれが反映されている。しかしながら実際には、このシークエンスに関する視点の違いは、ムスリムの伝統の中心における意見対立が原因である。

3　文献学と年代記学

十九世紀のヨーロッパにおいて、この分類は聖書のテキスト批評が作り上げた手法にもとづき、啓示の年代記学を設立するという知識人の試みにおける出発点となった。ギュスターヴ・ヴェイユの仕事を引き継いだT・ネルデケは、根本的にはこの領域内に留まっている。文体、語彙、概念の研究、他の資料によって知られている出来事を参照することによる特定化は、コーランに四つの時期を認める年代記学を提示させた。そのうちの三つはメッカにおけるムハンマドの宣教に対応する。四つめはメディナ期である。その分断は、こんにちではおおむね受け入れられているが、メッカ期とメディナ期の区別に関しては、ムスリム知識人のなかでも長いあいだ部分的な修正がなされてきた。第一メッカ期の終わりは、エチオピアへの移住（六一五年頃）とだいたい一致している。一方、第三メッカ期の開始点である六二〇年頃は、ターイフへの帰還と一致する。六二二年におけるメディナへの移住はメディナ期への移行を指し示している。

その点に関しては、リチャード・ベルは彼のコーラン翻訳において、一貫した一群を形成している節や節の集まりである啓示の、根本的な同一性を考慮に入れようとした。スーラを形成するさい、広く認められている過程に従えば、それらは文体的な特徴が必ずしも同一でなくてもよく、別のものの隣に置かれた。伝統的なムスリムの知識人たちと違い、R・ベルは、この点に関して、とくに韻の制約を考慮に入れることによって、改正されることが必要であると考えた。彼は、「隠された韻」（後出を参照）が現われているさまざまな文章や、始めは韻をもっていないだろうとされていた文章に付け加えられた韻（たとえば、六章九五〜九九）を見つけた。逆に、半諧音は、R・ベルによって偶発的であるとされた要素によって中断されることもありえた。たとえばメッカ期の一九章の最初の -iyya という韻は、三四と四〇節では、他の -ūn -īm/-īn という韻に置き換え可能であった。以前に注記されたように、彼はこれ以外にも、最初期に節を書き記すために使われていた、運命の助けによってコーラン自体のなかにとどめられている痕跡も認めるように提案した。その翻訳の多くの箇所で、彼は一方が文脈と切り離されている、同一の長い二つの文章のシークエンスを指摘している。それは古いテキストのために使われた文書の裏に書かれた啓示であり、アブー・バクルやウスマーンの時代の編纂者が、両者間の年代的ずれに注意を払わずに次々と書き写していったのであろう。

啓示の年代決定をしようというこのアプローチにおいて、R・ベルはテキストを三つの時代に区切っている。もっとも彼によれば、第一の時代については痕跡程度しか残っていないのであるが。彼の仮説によれば、「アラブのコーラン」と呼ばれるテキストの一群が第二の時代（「コーランの時代」）を形成しており、メッカ期の終わりから、メディナ期の最初の年か二年目（六二三〜六二四年）までの期間である。第三は、コーランを書物として書き記すプロジェクトを中心とする時代である（「書物の時代」）。

年代を正確に理解するという理想にはいまだに遠く、多くの点は曖昧なままである。ひとつ際立った例を挙げるとすれば、十一世紀の知識人、アル・ワーヒディーがファーティハに関してもたらした発展は、R・ブラシェールがその「絶望的」特性を指摘した推論によって終わってしまった。「実際、ワーヒディーが言っているように、神の使徒がファーティハなしで祈りを行ない、メッカに一〇年とどまっていたなどと結論づけるのはわれわれには不可能である。それが、これを認められない理由である」。

Ⅲ　コーランの言語

1　コーランのアラビア語

この節のタイトルは、「アラビア語のコーラン」であることを思い起こさせる。実際にテキストは、コーランが「明確なアラビア語」（一六章一〇三）であると強調しており、これは伝統的なムスリム知識人たちによるコーラン・テキストの言語や文体に関する研究にかなりの影響を与えてきたとされる。他のたとえば非常に有名な節と結び付ければ、

「もし人間とジンがコーランのようなものを作るために協力したとしても、彼らはそれに似たものを作ることはできない。たとえ相互に助け合ったとしても」（一七章八八）

それは九世紀には、コーランの模倣不可能性の教義へと至った。啓示の言語の主題に関しては、一方は信者やムスリム知識人の、また他方は非ムスリム研究者の視点が、さまざまな考察から着想を得ている。ムスリムは信仰によって奇跡を容認し、一方、非ムスリムは文献学的方法の助けを借りて、コーランのテキストが形成された状況を理解しようとしている。後者の方法は、コーランが信者にとって唯一の書であり続けることも、非ムスリムがその美しさを感じ取ることも否定するものではない。

「明確なアラビア語」という概念と、「それぞれの預言者は（中略）それを明らかにするために、彼が述べ伝える人びとの言語においてしか表現しなかった」（一四章四）と言っている説に従って、伝統的知識人は、コーランはムハンマドの部族であるクライシュ族の方言であり、その時代のアラビア半島における共通の詩的言語と同じであることを明らかにした。十九世紀以降、テキストを分析した言語学者たちは、純粋に神学にもとづく視点とは距離をおいた。現在、彼らは二つの理論を提示している。第一に、より普及しているのは、コーランの言語はいくつかの点ではヒジャーズの方言的特徴を示しており、古典アラビア語の詩的コイネー〔標準語〕であるというもの。そして二つめは、のちに書き写されるさいに、古典的詩的言語に移されたメッカ方言であるというものである。

2　語彙と正書法

語彙に関係して、イスラームにおける伝統的な見方では、コーランは他の言語からの借用語を一切含んでいないと見なしている。すべての注釈家が共有していたわけではなかったこの見方は、たとえばアーサー・ジェフリーによる近年の仕事によって、空虚さが指摘されている。たとえば、元来はアラム語、エチオピア語、ギリシア語、ヘブライ語、またはシリア語であった単語は、コーランの語彙の一部を構成している。多くはムハンマドの時代以前にアラビア語に入ったものであるが。とくにむしろ詩の使用言語域に属するような単語が見られるコーランの語彙の豊かさによって、テキスト定義上の困難さを認めざるをえない。八世紀以来、アラビア語辞書の編纂法が飛躍的にすすんだことは、定義上の著しい問題をもつようなコーランの単語の意味をはっきりさせる必要にせまられたということによって、部分的には説明が付く。アルヌ・アンブロスは著書『コーラン・アラビア語辞典』において、この分野における三〇〇以上の問題――たしかにすべてのものが同じ重要性というわけではないが――を指摘している。

古代の書記法によってでなければコーランを書いてはいけないというマーリク・イブン・アナス（七九六年没）の命令は尊重されておらず、カイロ版（第四章参照）に続いてこんにち出版されている版の正書法は、いくらか人工的である。それは実際、現存する古代の写し——もっともそれらはこのテキストを作成するさい考慮されていないのであるが——において使用されているものとは一致しない。それは、古代の正書法の改善のいくつかを組み込んでおり、とくに体系的に、長いaを示すアリフを導入している。またそれは八、九世紀に発明され、十、十一世紀にはコーランの写本においては日常的になった短母音の表記や、ハムザ〔八六頁注(3)〕の存在や子音重複(シャッダ shadda)や子音欠如(スクーン sukūn)を示すその他の正音学的記号の表記法を一部使用している。結局それは、たとえば十世紀にその体系化が始まった規則に則して、休符の有無を示す読み方を補助する記号を使用しているのである。それは、この改善以降の写本に現われる進化したいくつかの書記法を取り入れてはいないので、完全な一貫性をもつわけではない。多くの用語は、流布版の「子音の骨組み」(もしくはラスム rasm)とは形態上わずかな差異しかなく、テキストの意味に影響を与えるようなものではない。カイロ版に現われているようなコーランの正書法は、まだ充分に知られていないその長きにわたるさまざまな積み重ねの長い研究成果なのである。

3 発話の状況

ムスリムにとって、すでに見てきたように、コーランは神の言葉であり、天使ガブリエルの仲介によってムハンマドに伝えられ、その使命は下された啓示を彼の同時代人に知らせることであった。もともと、それは聴衆の前で話されるためのものであった。対話や、語りのテキストのまとまりのなかにある直説話法の表現、そしてまた同じ文章における語り手を特定するための情報の乏しさは、それを思い起こさせる。しぐさやイントネーションの変化は、疑いもなく聴衆にとって必要な目印となったのであろう。

一旦決定されたテキストの、この総合的な状況は、もちろん問題になっている対話以外にも、誰が話しているのかを特定するという視点から見ながら読むことはさまざまな事情を明らかにしてくれる。多くの箇所において、神は実際、一人称の単数形か複数形で自己表現する。「我が創造した者を我のみに任せよ」（七四章一一）、「それから我らは彼らを甦らせ…」（一八章一二）語り手が聴衆に向かって二人称単数形を使って語りかけるとき、それは同様にムハンマドに向かって語りかける神のことであると認めることができる。ある者によれば啓示の出発点であるとされている節は、このように描写されている。「汝の主の名において詠め…」（九六章一）、また全部で三二三の多くの節は命令形「言え！」（qul!）で始まっている。それは時には明らかに、預言者を通して、共同体もしくは人類全体を含む大きな聴衆に向けられたものである。

とは言いながら、多くの文章の語り手は神自身ではないことは明白である。たとえば一九章六四においては、それは天使でもありうる。他の箇所では、またそれが非常に多いのだが、三人称が神の発話に用いられている。語り手自身がこのように話しただろうし、それは以下の文章に見られる状況のようであったことはたしかである。

「神は汝らの主であり、彼は、最も優れた援助者である」（三章一五〇）

しかし、他の節、とくに発話主体が「汝の主によって！」（四章六五）のような宣誓を謳いあげているような場合には、説明はいっそう困難である。ファーティハ（第三章参照）の場合、このスーラを信者に対する命令とするような命令法の qul がないので、五と六節の一人称複数形によって、神への祈りというテキストの本質は疑いようもない〔コーランは神の言葉なのに、ファーティハは神への祈りであるということ〕。おそらくこれが、教友イブン・マスウードが彼の選集にこのスーラと現行の流布版の最後の二つのもの（一一三章と一一四章）を含めないと決めた理由ではないか。

Ⅳ　コーランの文体

翻訳によってにしろ、コーランを読むと、語調のきわめて大きな違いにいやでも気づかされる。コーランの年代記を研究した者たちによって入念に調査されたこの相違は、啓示の歴史における場所にも関わっている——互いに関係している二つの——文章の内容に結び付けられる。それはおおまかに言えば、力強い、さらには情熱的な表現方式から、より落ち着いたものまで、非常に多岐にわたっている。

コーランの文体は、韻を踏んだ散文であると定義されるであろう。そこにおいて節の終わりの韻は好きな回数だけ繰り返される。同じスーラ中、韻がずっと同じこともある。ある程度の広がりをもったスーラにおいては変化する。つまりそれらは、連続する同じ終わり方の節のシークエンスである。その構造のおかげで、アラビア語は非常に柔軟な韻の選択を行なうことができる。より後期のスーラにおいては、-ūn や -īn というかたちの複数形での終結は、より古い文章に比べて比較的多く使われている。いくつかの場合、他の単語の使用が好ましいとしても、韻によって単語が押し付けられることもある。より一般的な方法では、詩において優勢な習慣との関係で、韻の選択にはある程度の自由が認められている。ときには半諧音について話すのがより正確であろう。これら全体の構成がスーラよりも広範囲にわたる場合、適合がなされるようである。他のところにある既定の韻で節を統一するために、望みの終末部で終わっている単語が付け加えられた（たとえば、メッカ期の二三章一二〜一六参照。そこには一二〜一四節において、「隠された韻」の -a が存在している）。たとえば宣誓はしばしば繰り返され（九一章）、議論の余地のない詩的な力が、このスーラの最初のように、明らかにされる。

「息を切らし疾走するものにおいて／火花を煌めかせ／黎明に突如として現われ／砂塵を巻き上げ／そして軍勢の只中に突入するものにおいて」（一〇〇章一〜六）

メッカ期の最初のものだと思われるこの文章の文体は、古代アラビアの占い師（カーヒン）によって述べられ、伝承によって保たれてきた宣託のいずれにも似ていない。ムハンマドの言葉を聞いた人びとが明らかに類似性を感じたとしても、きっぱりと否認されている（五二章二九）。また同様に、彼の敵が、ムハンマドは詩人であるとほのめかしたときも、啓示はその疑いを斥けている（三六章六九）。

のちに、最初に認められた韻の種類は制限されているにしても、メッカ期のスーラの節は長くなっている。節の終わりに二重の呼びかけが現われるのもこの時代である（たとえば、al-ʻazīz al-ʻalīm、R・ブラシェールの訳では「全能にして全知」）。調子はより落ち着き、思考はよりゆったりとしたテキストのまとまりのなかで発展し、リズミカルではなくなった。叙事詩は、議論や、信条を述べるための話に取って代わられた。メディナ期のスーラは、全体としてコーランのなかで最も長く、明確な主題に関する部分を有している。韻は、より長い節を締めくくり、より頻繁に繰り返され、しばしばもはやスーラ自体の内的欲求に応えるためというより、区切りを指示する必要があったため付けられたかのような印象を与えている。メディナ期の多くの節の内容を構成する規則は、霊感を受けた形式をほとんど提示していないというのは正しいことである。

コーランにおいてしばしば省略され、簡略化される文字は、読み方を混乱させる。それは部分的には、こんにちではスーラに集められている初期啓示の非連続性のせいである。ときには、その原因はテキストそのものにある。いくつかの文章はムスリムの注釈家たちを窮地に陥らせた。たとえば七九章の始めについて、彼らは八つの違った解釈を提案している。表現の寄せ集めであったものが、充分に意味が通るように単語が補われるというのは珍しくない。伝統的な注釈（タフシール）はこの役割を果たしているが、読者にこの困難さをだいたいでも見てもらうために、何人かの翻訳者たちに採用されている、こういった発言を明確にするための活版印刷ならではの手法を転記しよう。つまりこの天国の描写において、選ばれているのは「彼らは貴重な封印された［ワイン］を注がれ／（略）／［ワインには］タスニームの［水］が混ぜられる」（八三章二五と二七）であり、カギカッコのなかの要素は、意味を明確にするために付け加えられたものである。

同じような性質の他のテキストと同様に、コーランは、しばしば聴衆の日々の暮らしから借用したイメージの助けを借りている。暗喩はコーランの表現において、一義的な役割を果たしている。商業分野の用語の宗教分野への多量の移入がその証拠である。全体として、二つの状況が確認される。一つめは、具体的な範囲を伴っている。たとえば神がムハンマドに「信者たちの上の［彼の］翼を低くするように」（一五章八八）促したとき、それは修辞的効果にすぎない。二つめは、神学者たちのあいだに活発な議論を引き起こしている。コーランのテキストが神に身体的や感情的な特性を割り当てたとき、もしくは神に物質的な対象を結びつけたとき、それは暗喩なのか現実なのかという議論が沸き起こる。直喩も同様にテキストに現われるが、その多くは最後の審判の描写においてである。反対に、寓話の数はきわめて少ない。最も有名なもののうちの一つは、名高い「光の節」である。

「神は天地の光である！　その光は燭がある壁龕にたとえられる。燭はガラスのなかにある。ガラスは光輝く星のようである。この燭は、祝福された木に吊るされている。そのオリーブは東方のものでも西方のものでもなく、油は火が触れていないのに輝かんばかりである。光の上の光！　神は望んだものを、その光へと導く。神は人びとのために寓話を差し示す。神はすべてを知っているのである」（二四章三五）

第三章　コーランの教え

一般に理解されているように、ムハンマドの宣教は約二〇年間、変化する外的状況の影響を受けながら展開された。したがって、コーランの教えはイスラーム共同体が進歩していくさまざまな点を現わしており、その細部については、ここで提示する総括的なものより詳細な研究がある。また、その重要性と多様性が知られているムスリム注釈家に受け入れられた解釈については、規範的な面からも神学的な面からも、ここではこれ以上あまり言及しないことにする。

I　ファーティハ

第一の章、ファーティハ（Fātiḥa、開扉の章）は、コーランにおける第二章以降の分類を決める原則から大きく外れた例外的な構成になっている。その七つの節は、実際には後代の人びとによって並べ替えられたのにちがいない。これを冒頭に置くという選択は非常に注意深い考慮をうながした。一般に理解されているように、それは祈りのような姿であり、実際、その朗誦は日々の祈りの儀式に組み込まれており、敬虔な信者は原則として一日に一七回それを朗誦する。それは間違いなくムスリムすべてにとって最も親しみのあるコーラン・テキストである。

「慈悲深き慈悲あまねき神の名において／神に讃えあれ、世界の主／慈悲深く慈悲あまねき神／審判の日の主宰者／汝をこそ我らは崇め奉り、汝にこそ救いを求める／我らをして真正なる道を辿らしめたまえ／汝の嘉したまう人びとの道を辿らしめたまえ、汝の怒りをこうむる人びとや道に迷う人びとの道ではなく」

全能にして慈悲深い唯一神の概念が第一の面として現われており、それに続いて神が執り行なう最後の審判の日の告知がある。この神は同様に人びとを導くことが可能である。それは、他の人たちがかつて救いの恩恵を受けたということによって思い起こされる。それから、第二の面として、ファーティハが明示している導き手としての役割とは対照的に、この神は別の道を辿った一部の人びとに対しては面と向かった怒りを表明している。

要するに、コーランにおいて展開される本質的な主題がこのテキストにおいて、明記されていないとはいえ、述べられているのである。神的な本性の問題に関しては、簡潔なかたちで、ファーティハより も明らかに神の唯一性を立体的に描き出している一一二章と同じくらい明確である。一一二章はもはや信仰宣言のかたちをとっておらず、その他の箇所、たとえば四章一三六はこの観点から見ると、より正確に言明を提示している。

「神と使徒と使徒に下された書物と、それ以前に下された書物を信じよ。神とその天使たちと書物と預言者たちと最後の審判を信じぬものは、深い迷いへと入り込んだ者たちである」

しかしファーティハの重要性は、ギュイ・モノーの研究によれば、それが「読者に書物の雰囲気と調和するような態度を教示する」点にある。残りのテキストが明確に述べ、展開している根本的な本質をそれが提示することによって、より重要性が増すのである。ムスリムの伝承がこの章に付けた名前の一つ、ウンム・アル・キターブ（Umm al-kitab、書物の母／精髄の意）は、神学者たちが多くの注釈をつけたこの章の根本的な性格をよく示している。アル・ガザーリー（一一一一年没）によれば、それはコーランの構成要素となるすべての主題、神の本質、その性質と活動、死後の世界と法規定の如く活動に応じて受ける報い、を含んでいる。

II　神

　ところでファーティハは、創造者であり唯一にして全能な神の存在を最初に告示している。彼の名――それはコーランにおける二番目に現われる単語である――は、「アッラー（Allāh）」である。語源学的には、「神、神的なもの」を意味する単語の前にアラビア語の定冠詞アル（al-）がついたものであり、それにその女性形（ラート（Lāt）もしくはアッラート（Allāt））は古代アラビア半島において知られていた。「アッラー」は、イスラーム以前の使われ方では、メッカの主神を意味した。ムハンマドの同時代人たちにとって、それは総称的な呼称を復活させることであっただろうし、伝統的な万神殿を信じていた者たちの周りにまず動揺を残すようなものであっただろう。

　一方、ムハンマドと彼の弟子たちにとっては、アッラーは何よりもはっきりと神を指しており、同時に唯一であり真実の名前を欠いた「神」を指していた。

　ときには、それを指し示すのに他の呼称も使用された。ラッブ（Rabb、主人の意）や、専門家によってイスラーム以前のアラビア半島のイエメンで知られていた神の名（アラム語起源ではあるが）に関連づけられたアル・ラフマーン（al-Raḥmān）は、むしろメッカ期の文章に使用されている。もっとも、ほとんどすべての章の冒頭に見られる決まり文句バスマラ（ビスミッラーヒ・ッラフマーニ・ッラヒーミ）にそれが現われているということは、ある問題を提起する。人びとは、ッラフマーニとッラヒーミが同一の次元の二つの形容詞なのか、それとも一つめのもの——これは名詞でもありうる——が、ここにおいては固有名詞としての価値を持ち、ムスリムの伝統的な解釈によって形容詞のかたちに省略され、「慈悲深き慈悲あまねき神の名において」という意味になる前の、その古代の神性を取り戻しているのかという問題を議論した。

のちに、「美名」という表現から着想を得ることによって（たとえば、七章一八〇、もしくは一七章一一〇を見よ）、ムスリムはコーランに見られる九九の神聖な名前——あるものはそのままのかたちで、またあるものは似たかたちで——のさまざまな一群を作り上げた。実際のところは、神聖な性質の一群を構成しているのではなく、これらの形容詞（「美名」）は神聖な本質を定義することに貢献している。しかしながら、コーランのテキストは、まさにいくつかの側面についてとくに重点を置いている。まず、神の唯一性が非常に力をこめてコーランでは強調されている。ムスリムの信仰告白、もしくはシャハーダの最初の部分はそのままのかたちではテキスト中に一度しか出てきていないが（三七章三五）、神の実体は何度も繰り返され、展開されている。この託宣は何よりも、ムハンマドの時代、依然としてアラビア半島に広がっていた多神教と対立する。これは、主神であるアッラーが、人間のために執り成しをする第二位の天上的被造物に囲まれているということを認めるかたちを含んでいる（三九章三）。

神は全能である。彼は何よりもまず、創造者である。

「彼こそが生を与え、死を授ける者である。彼が何かを決められたなら、彼はそれに対し「在れ！」と言う。するとそれは在るのである」（四〇章六八）

世界の創造についての喚起は、コーランの多くの箇所に姿を見せる。とはいえ「創世記」のような詳細な物語をそこに見出すことはできない。しかし創造の行為はこの最初のエピソードだけに限定されるわけではない。それはたとえば神の力の徴として何度も引き起こされる自然現象のなかにも繋がっているのである。同様に、神はアダムを創造したが（三章五九）、すべての人間の創造者でもあり続け（九六章二）、胚が胎児になるまでにわたっての創造者でもある（二三章一二〜一四）。

神の全能は、人間の人生すべてを通じて明らかになっている。たとえば、メッカの人びと（偶像崇拝者）の頑固な拒絶は、神慮の結果なのである。

「不信心者は、実に汝が警告しようとも警告せずとも変わりはない。彼らは知ることがない。神は彼らの心と耳に封印を置いたのである。また覆いが彼らの目に被さっており、恐ろしい懲罰が彼らを待っているのだ」（二章六〜七）

予定説が、この節や、また同じ意味をもった他の節には芽生えているようである（たとえば七六章三〇、他には九章五一）。神意は、人間存在に関わるすべてのことに決定的な役割を果たしている。とりわけ彼らをまっすぐな道に導いたり、もしくは彼らを迷わせたりするさいには。にもかかわらずもう一方で、人間はみずからの行動すべてに責任を負わなければならない。少なくとも以下に言われているような結果が伴うのである。

「もし汝らが、禁じられている大罪を避けるのならば、我らは汝らの悪行は赦し、名誉をもって天国へ導こうではないか」（四章三一）もしくは「神は、神の徴を信じない者たちを導きはしない。恐ろしい懲罰が彼らを待っているのだ」（一六章一〇四）

神聖さを言い表わすために、コーランは隠喩や比喩を何度も繰り返し用いている。それはたとえば神の顔だったり（たとえば、二章一一五）神の手だったり（三章七三）神の目だったりする（二〇章三九）。有名な光の節（二四章三五）では神聖な光が壁龕を照らし出すランプに譬《たと》えられている（本書第二章参照）。一方で、それに劣らず有名な玉座についての節は、天上の玉座に座る神を表現している。

「神！　彼以外に神はいない。生ける者。みずからで存在されるお方。まどろみも眠りも彼を捉えることはない！　天にあるもの、また地にあるものはことごとく彼に属する！　誰が、彼の御許しなしに彼に執り成しをねがうことができようか？　彼は人間の前にある物事も、後ろにある物事も知り給う。

しかし彼の知恵は、彼が望まなければ人間は把握することができない。彼の玉座は天と地とに広がっている。それを支えもつことは彼にとってなんら重荷ではない。彼こそはいと高き者、到達不可能な者」（二章二五五）

コーランのこれらの節における示唆的な力は、同時にイスラーム文化におけるこれらの節の比類なき成功とそれらが生みだした議論の情熱的な性格を明らかにしている。

他の精神的な被造物のことがコーランでは言及されている。悪魔（シャイターン）——もしくはイブリースとも呼ばれる——は、神が創造したばかりの人間の前に跪拝することを拒否したがための堕天使である（二章三四）。神は彼に、まずはアダムとイブから手始めに、人間を試みることを許した。彼の側には不信心者や悪に堕ちた者の傍にいる悪魔たち（同じシャイターンという名詞が複数形で使われている）が見られる（一九章八三）。彼らのジンとの関係は非常に曖昧である。ジンは信仰を受け入れることもあるし（七二章一〜一八）、地獄に落ちることもある（一一章一一九）。また、預言者の敵の一員として描写されるジンもいる（六章一一二）。天使たち（malā'ika、単数形は malāk）は反対に、信者たちの傍に控えているが（八章九）、その他の状況においては介入を行なう。彼らは人間を監視し、その善行と悪行を記録しており（一八章一一、八二章一〇〜一二）、神を取り囲み、とくにガブリエルは神の送った託宣を運ぶ（二章九七）。彼らは最後の審判の補佐も行なう（二章二一〇）。ジンと天使のあいだには類似点がある。というのは、イブリースは時にジンとして、時に天使として現われるからである。

Ⅲ　最後の審判とあの世

最後の審判（yawm al-dīn 審判の日、yawm al-ākhir 最後の日、そして yawm al-qiyāma 復活の日の意、これらは最もよく使われる名称である）はコーランにかなり頻繁に現われる。すでに見たように、それは第一スーラの結構な場所に置かれていた（四節）。そしてこれと教義的に関係する一群は、神と関係する箇所の次、二番目に来ていた。そのときが来たならば、死者は生に呼び戻され、集められた人びとは神の御前に出頭する。それぞれの者はその善行や悪行に応じて裁かれ、天国の喜びか、もしくは地獄の苦しみに向かわされるのである。

コーラン・テキストの年代記的観点によれば、終末論は比較的古いスーラにおいて、より重要な位置を占めている。実際、最後の審判を述べ伝えるということは、イスラーム生誕におけるムハンマドの宣教において第一の主題を構成していた可能性はある。もう少し遅れたメッカ期のスーラにおいては、この出来事に関する描写はとくに息を呑むようなものである。たとえば最後の審判を内容に含む恐ろしげなエピソードは、正確な描写によってよりも、省略された形式によってのほうが、そして、また一つの箇所に集められるよりも、さまざまなスーラにちりばめられるほうが、しばしば想像力をかきたてるかのようである。

予言的な徴は、時間の切迫を言い表わしている。八一章（一〜一四節）で見られる、そのいくつかを数え上げれば、沈んだ太陽、隠れた星、動く山、妊娠したラクダが見捨てられる、などである。これらはラッパの高鳴りや（三九章六八）、雷鳴（八〇章三三）、または叫び声（三六章五三）として描写される鋭い音声のあとに起こる。「神が容赦しようと望んだもの以外の」天地すべての生きものは死に絶えてしまう。復活そのものは、ラッパの高鳴りに続いて起こる（三九章六八、ここではそれは二度鳴り響く）。「大地は主の光によって光り輝く。書物が目立つように置かれる。預言者たちと証人たちがやってくる。判決が皆の前で宣告される。彼らは正義にかなっている。誰も不当に扱われることはない」（三九章六九）

死者の生への蘇りが――それは魂の不死性の理論を伴っているわけではない――神のために戦って埋葬された人びとを除くすべての人間に訪れる。ある節によれば（二章一五四）、彼らは実は生きており、したがって一般的運命の例外となっているようである。ちりばめられた徴は、来るべき審判が起こる様子を詳細に述べている。人間は集められ、それぞれ彼らの行動が書き込まれている本もしくは紙切れを受け取る。善人はそれを右手に受け取るが、否認された者はそれを左手に受け取る（二九章一九と二五）か、もしくは背中に受け取る（八四章一〇～一一）。それぞれの者が互いにこの記録の内容を読みあげる。裕福さも血縁も審判には影響しない（三一章三三）。他の文章によれば、その人の行ないに応じた重さを天秤が量るという（七章八～九）。平等に預言者の一部にも行なわれる審問は、なぜ「託宣を下された者たち（七章六）」も含むのかを明確にしている。この最後の点は、遣わされた人びとのなかのある者に付き従うことを拒否したがために、共同体がひとまとめに地獄に落とされるような、またひとたび共同体に加入すれば――もしくは拒絶すれば――個人的な救いが決定されてしまうような古代の文言からは進化している。

この決定的な瞬間の結果、コーランでは中間の状態は考慮に入れられていないため、人間は天国か、もしくは地獄へと導かれる。地獄（ジャハンナム）――しばしば「業火」と呼ばれる――は、永遠の懲罰の場である。テキストは（たとえば、三章八八）それが終わりなく続くと明確に述べている。そこに棲む者へ加えられる罰は、第一に、地獄に落ちた者に食べさせられる業火が彼らを焼き尽くすというものである。ここは焼けつくような飲み物や（六章七〇）溶けた金属や（一八章二九）、悪臭のする水（一四章一六）しか飲めないような場所である。果実は「悪魔の頭のようであり」（三七章六五）、「大かまどの底のような」（六四節）ザックームの木に生《な》っており、また棘が彼らの食物であり、しかし決して彼らの空腹は癒されない運命なのである（八八章七）。悪魔は地獄に拘束されておらず、懲罰の管理を任されているわけでもないようである。その場所を守り、彼らを罰するのは、実際には天使なのである（六六章六）。

この点を除いて、地獄は、善人すら地獄を知ったあとでなければ至ることはできないであろう天国と、まったく逆の鏡である。

「汝らのなかの誰であろうとこれを通り抜けることはできない。これは汝が主のご決定なのである。それから我らは神を畏れる者を救い、不信心者はそこに跪いたままにさせておこう」（一九章七一〜七二）

つまりこれは地獄と、コーランの託宣において引き起こされる恐れの重要性を語っているのである。たしかに、善人たちはそこから引き上げられるが、彼らの悪行は長々とリストに書き連ねられている。コーランにおいて地獄落ちが宣言されているそれ以外の何人か、たとえばムハンマドの叔父とその妻（一一一章）〔アブー・ラハブとその妻。初期イスラーム共同体を弾圧した。ムハンマドの後見人であったアブー・ターリブとは別人〕、無神論者、偶像崇拝者、背教者、偽善者、そして背徳者は業火に投げ入れられる。しかしより特殊なカテゴリーに属する者たちもいる。戯れに宗教を受け入れたもの、戦闘を脱走したもの、神の使徒を馬鹿にしたもの、殺人者、中傷者などである。

天国（ジャンナ、庭の意）は、豊富に水があることによって特徴づけられている。たとえば「そこに小川が流れる庭」であり（九章一〇〇）、そしてそこは閉ざされており、その門は善人以外が入ることのできないように守られている。その日陰のもとでは、善人が平和を見出している（一三章二三）。彼らの欲求は、風味の良い食事や（五二章二二）味の良い飲み物、つまり決して酔うことのない純粋なワイン（三七章四五〜四七）を飲み食いすることによって満たされる。瞳の大きな若い処女たち、そしてフーリ〔コーランに出てくる天女〕たちが選ばれた伴侶となる（四四章五四）一方、若者たちが杯を運んでくる。善人たちは絹の着物や高価な装飾品を身に付けている。ムハンマドの聴衆が目にすることのできる具体的な快楽と比較するような天国における喜びについては、おおよその描写しかない。なぜなら「誰も、私が（信者のために）彼らの行ないへの報酬として用意しているものを知らない（三二章一七）」のであるから。

Ⅳ 「預言者の封印」

神と人間の関係の現われは、主について知らしめ、神によって導かれるようにという呼びかけに対して、全体的には聞く耳をもたないままである民衆への預言者たちによる連綿と続く告知の歴史であるという見方がされる。神聖な慈悲が人間に与える、そしてファーティハがその六節で述べている導きは、神の最後の使徒であり、コーランの表現を借りるならば、「預言者の封印」（三三章四〇）であるムハンマドによって完成した。

これらの使徒を表わすには二つの言葉が使われる。その第一はラスール(rasūl)であり、これはムハンマド自身や、同様にノア、イスマエル、モーセ、ロト、イエス、そしてアラブの三人の預言者フード、サーリフ、シュアイブに対して使われ、「使者」というような意味である。第二はナビー(nabī)で、これはアラム語かヘブライ語からの借用語で、「預言者」を意味する。リチャード・ベルによれば、それがコーランに現われるのは、メディナ期と重なっているという。ナビーはノアや聖書の伝統における使徒たちや、アブラハムの子孫に対して使われる。アブラハムの子孫の何人かは同様にラスール――それはのちにとくにムハンマドと同一視されるのであるが――でもある。ナビーとラスールは、同じ節に両方現われている(たとえば一九章五一、モーセに関して)ことによってわかるように、正確には同義語ではない。第一の呼称が誰に対して使われるのかは、書物をもっているか否かで判断する。アダムはコーランにおいては預言者として現われていないが、特別な位置を占めている。神は彼の前に跪くように、とくに天使たちを召喚したのだから(二章三四)。

歴史を参照すると、非常に長きにわたり、神がさまざまな共同体に対して、下された託宣を述べ伝え、帰依しないものに課せられる罰の恐ろしさを知らせる役目を負った人びとを、相次いで送り出すという繰り返しに還元される。この歴史は実際には語られていない。しかしそれをすでに知っている聴衆には明らかである。さらにメッカにおいて、ムハンマドに対する批判とは、「昔の人たちの作り話」と呼ぶことでおもにその価値を貶めるものだった。こういうことを行なって、彼らは「正しい声」に従うよう呼びかけられても、聞くことを拒否した昔の人びとへと逆戻りしてしまった。ムハンマドが彼らに述べ伝えるべきことに注意を払おうとしなかったメッカの人びとは、恐ろしい懲罰に身をさらすことになる。このシナリオの繰り返しは、ムハンマドの使命の真実性の証明となる。メディナにおいて、預言者の歴史が意味することは新しい状況に一致するように変化していった。アブラハムは中心的な人物になり、彼の存在は、イスラームの本質をアブラハムの宗教として確立するための支えとなった。族長はユダヤ教徒でもキリスト教徒でもない。それはムスリムである。なぜならそれは神に従っているのだから。そこでイスラームは、過去にモーセがトーラーを受け取り、イエスが福音を受け取ったように、ムハンマドに与えられた書物、コーランをもって第三の宗教を構成することになった。さまざまな啓示は、連続性をもつようなものとして現われている。そこでたとえば以下のような節が生じるのである。

「これはトーラー、福音、コーランに記されている真正なる約束である」(九章一一一)

旧約聖書と新約聖書を統合する神聖な計画の一環となることによって、コーランはユダヤ教徒とキリスト教徒に関係した立場を採るように仕向けられた。お互いの関係は、聖書を保持している者、もしくはコーランの表現を借りれば「啓典の民」という運命共同体として表わされている。彼らはメディナ期のあいだに、状況の変化によって等しく影響を受けあった。ヒジュラの直前、啓示においてアブラハムという人物に与えられた地位は、ユダヤ教徒とのあいだにできる限りの協調が見えるようにするものだった。メディナ期の二つの節はこの方向性を描き出している。

「ああイスラエルの子らよ！　我が汝らに施した恩恵を思い起こすがよい。我との契約を履行せよ。そうすれば我も汝らとの契約を履行しよう。我を畏れよ！　我が下したものを信じよ、汝らがすでに受け取ったものの確証として。これを信じない者の先頭になってはならぬ」（二章四〇～四一）

しかしすぐに調子は変わり、ユダヤ教徒に対する非難が積み重ねられる。彼らが盲目的な態度を取ったこと（たとえば、二章八七）、高利貸しを行なったこと（四章一五九）、そして彼らに委ねられた啓示を歪めたこと（二章七五もしくは四章四六）が非難される。礼拝の方向がメッカの方角に変えられたのは、この断交の文脈においてであろう（二章一四二～一五〇）。

キリスト教徒に対しては、コーランは最初のうちは三位一体に関しての留保だけをしており、とくにイエスの神性を疑問視している。

「神が息子を儲けるなどあり得ない」（一九章三五）

とはいえ、そこには広い共感を見出すことができる。

「汝は気づくであろうが、信者に最も親愛によって近しいのは、『そう、われわれはキリスト教徒である！』と言う者である。なぜなら彼らのなかには、高慢の心を起こしたりしない司祭や修道士がいるからである。預言者に下されたものを彼らが聞くとき、そこに彼らが認めた真理のせいで、汝は彼らの目に涙が流れるのを見る」（五章八二～八三）

このあとに来る節では、彼らも同様に天国が約束されている。しかしながら、メディナ期の終わり頃になると、コーランによる評価は変化する。イエスの神性は明確に否定される（四章一七一）。最終的に、キリスト教徒とユダヤ教徒はひとまとめにして否認される。

「彼らは言う、『ユダヤ教徒かキリスト教徒になるがよい。善く導かれることになるから』と。言うがよい。『いいや！……アブラハムの宗教に従うがよい、彼こそ真実の信仰者（ハニーフ）であり、偶像崇拝者の一員ではなかった』と（二章一三五）」

V　共同体の規範

イスラームはしばしば律法主義の宗教として定義されるが、コーラン自体は法律の部分を、混乱した断片的な方法で取り扱っている。ムスリム法にとって「法的である」と定義されるであろう節の一群は、テキストの一〇パーセント弱ぐらいであり、その大部分は女性に関することであり、およそ六〇〇節である。最後にいくつかのものは預言者に関係した条項のものである（たとえば、四章六四〜六五、三三章五〇など）。それらに関して以下の部分では言及しない。

一般的な掟が信者たちに課せられている。コーランのなかに何度も現われる言明によれば、「彼らは正しいことを奨め、悪事を禁じる」（九章七一）。

コーランのテキストはより厳密な方法でムスリムのためにいくつかの義務を定めている。第一は、みずからのイスラームへの帰依を明確にする、つまりシャハーダを唱えることである。もっともこの言明はコーランのなかには部分的にしか現われていないのだが（三七章三五）。反対に他の義務に関しては、より厳密な方法で、少なくともそれらの本質は述べられている。礼拝（サラート）は、コーランが定めているなかで第一番に来る。とは言いながら、信者がそれを行なう方法や、それを行なう時間も、夜明け、日没（一七章七八では夜とも、一一章一一四）、そして正午（二章二三八）以外にはとくに定められていない。現在行なわれているメッカに向けての夜の礼拝は反対に、のちには廃止されている（七三章）。彼らの信仰心を正当に満たすためには、彼らは悪くも、不純にもなってはいけないということは確かである。この不純の状態になった場合、彼らは禊《みそぎ》をしてみずからを清めることが許されている（五

章六、四章四三）。ムスリムは、メディナにおいてユダヤ教徒たちと決別するときまでそうだったように
イェルサレムに向かうのではなく、メッカに向かって礼拝をしなければならない（二章一四二～一五〇）。
金曜日、経済活動は礼拝への呼びかけのあいだ、中断されなければならない（六二章九～一〇）。しか
し、もし敵の脅威が迫っている場合には、祈りを短縮することは許されている（二章二三九、四章一〇一～
一〇三）。

喜捨（ザカート同様にサダカも）は、ムスリムが従わなければならない第二の義務である。メッカ期に
制定されてから、それは過去の過ちの贖罪を、困窮している人たちへの出資資金に結びつけているよう
である（六三章一二～一三）。ところで利益を享受する人は定義されている。

「施しは、貧窮している者、それを集めてもってゆく者、心を協調させた者、捕虜の買戻しや負債が
ある者、神の道における戦い、そして旅人が対象である」（九章六〇）

追求された目的は、慈善的でもあり、同時に政治的でもある。コーランは、イスラームによって「協
調の心」を得るため、また戦争を維持するために収集される資金について述べている。反対に、施しの
総額（元来は十分の一税か？）もそれを集める条件も明確にはしていない。

コーランのテキストに記入された第三の義務、断食（シャーム、サウム）は、ムハンマドの宣教を通じ
てのその寛容さの変化が知られている。もっとも不明確なままの点もあるのだが。最初は、メディナ

期の始め以来のユダヤ教の断食であるヨーム・キップールを復活させたものであったろうが、ユダヤ教徒との関係が損なわれたことにより「一定の日数続く」（二章一八四）断食へと姿を変えていった。しかしきわめて厳格な方式であるのに反して、とくに性的な点は、のちには緩やかになった（二章一八七）。最後に、コーランの啓示と結び付けられているラマダーンの月は、その月中が断食に定められた（二章一八五）。このバドルの戦い直後の最終的な進化は、何人かの現代の注釈家によれば、恩寵の行ないと結びついているらしい。このとき以来、飲食物の総合的な忌避と、夜明けから日没までの性的禁欲が法制化された。

最後にコーランはメッカへの巡礼（ハッジ）について、その概略を定義している（二二章二六〜二九）。イスラーム以前の時代からすでに、人びとはこの街を訪れ、またおそらくは巡礼を完全なものにするために、その周辺の場所も訪れていたのだろう。コーランに導入されている、アブラハムの宗教におけるこの儀式を完成させるための変更は、聖地や多神教との断絶によって成しとげられたが、同様に礼拝の方角を変え、ユダヤ教徒との距離を取ったのもだいたいこの時代である。礼拝ほどではないが、コーランのテキストはハッジの儀式についても正確な指示を与えてはいない。

啓示に現われているジハード（jihād）の概念を説明するのはきわめて難しい。このjhdという語根から派生した語は、戦争に関係しているその三分の一の場合を除いては、本質を正確に定義できない努力のような活動を意味している（たとえば、五章五四）。根本的にメディナ期の文章で述べられている戦争に関するコーランの教義は、とくに二つの有名な節において、とりわけ qtl という語根と関係している。まずは「義務について」という節。

「戦え、神と最後の日を信じない者ども、神とその預言者が不正としたものを不正としない者ども、啓典の民のあいだで、本当の宗教を実践しない者どもに対して。彼らが屈従し、すぐに人頭税（ジズヤ）を払うまで、戦え」（九章二九）、そして「剣について」という節。

「神聖月が明けたのなら、汝らが見つけ次第、多神教徒（ムシュクーン）を殺せ。彼らを捕え、包囲し、伏兵によって降伏させろ。しかしもし彼らが改悛し、礼拝の義務を果たし、施し（ザカート）をするのなら、逃がしてやれ」（九章五）

多神教徒という単語は、ムスリムでもユダヤ教徒でもキリスト教徒でもない者を指す。たとえばそれは「啓典の民」に関する文章からわかる。

「啓典の民のなかでも不信仰の者や多神教の者は……」（二章一〇五）

メッカ期の頃、神の恵みにまで言及する異教の食物規定が批判の対象となった（六章一三八）。のちに、メディナ期の節において、啓典の民に受け入れられた食物はムスリムにも良いとされた（五章五）。しかしそれはユダヤの共同体と協調するために企てられた一時的な態度にすぎない。実際のちに、コーランのテキストは、モーセ律法による食物規定は本当のところは罰である（四章一六〇）と明記しており、信者のために比較的簡単な規定を行なっている。それらは、「死んだ獣、血、豚の肉、神以外のものに捧げられたもの、絞殺された、もしくは撲殺された、もしくは墜落死した、もしくは角に突かれて死んだ獣、もしくは他のものを貪り食らった獣――もし汝らが喉を切って殺した場合はその限りではない――もしくは石の上で捧げられたもの」（五章三）を食べることを控えなければならないというものである。そして一方、「神の名が唱えられてから」（四節、同様に一六章一一四〜一一九、六章一一八〜一二一、一三六〜一四六、二二章一六八〜一七三、五章九三〜九六を見よ）それ以外の動物を食べなければならない。ワインは、最初は合法であったが（一六章六七）、最終的にこれも禁止された（五章九〇）。それはそのとき以降、楽園に選ばれた者に取っておかれる楽しみの一つとなった。

コーランに現われているような社会は、男性の地位が女性のものよりも高い、家父長的社会として定義することができる。

「神が男性を女性の上に置いた選択の力により、そして彼らが彼女らを養うための出費ゆえに、男性は女性に対して権威をもつ」（四章三四、同様に二章二二八）

自由人であろうと奴隷であろうと、信者の男女にとって、結婚とは必ず向かいあわなければならない状態である。配偶者を選ぶにさいしてはいくつかの規則を守るという条件で、この枠組みにおける性的関係は許される（奴隷の女性との内縁関係は、この分野におけるもう一つの可能性を男性に示しているが）。
「汝らの女は汝らの耕作地である。汝らの畑に行け。汝らが畑に望むようにせよ。しかしその前に、汝らの利益のために良い行ないをせよ」（二章二二三）
コーランは、四人の目撃証人によって証明されなければならない姦通について、厳しい罰を用意している。有罪者は一〇〇回の鞭打ちを受ける（二四章二）。もし女奴隷の場合は、その刑罰は自由人女性の半分となる。多神教徒の男（もしくは女）と結婚することは禁止されている。ただし男性は、「聖書が与えられた者たちの一部をなす、良い環境の」女性とは結婚してもよいと明確に述べられている（五章五）。
男性は四人までの妻をもってもよい。しかし女性は同時に一人の夫しかもてない。とはいえコーランは、夫はその家族を養うための手段を整えなければならないと強調している（四章三）。結婚は、未来の妻の法的な代理人と、未来の夫とのあいだで契約される事項である（二章二三七）。未来の夫は、妻だけが自由に使える妻の財産となる持参金を払うことを約束する（たとえば、四章二四）。規約の総額は、結婚が成就したあとにしか支払われない（二章二三六～二三七）。夫はその妻に対して権力を自由に振るえる。もし彼女が不服従であれば、彼は彼女を叱責する、または殴ることも許されている（四章三四）。離婚は簡単であるが、コーランは反省の時間を設けるよう推奨し、夫に対しては正当性を態度で示し、合意を模索するようにと奨めている（四章一九と一二九）。根本的に意見が対立したなら、両家族における二人の調停者が、夫婦二人を和解させるよう試みなければならない（四章三五）。もし調停が失敗したとしても、離婚が決定的になるまでの期間が用意されている。離別ののち、女性は前夫の子供を妊娠しているかどうか確かめるための四カ月の期間を守らなければならない。

相続に関する規則はメディナ期の啓示において、ある程度詳細に述べられている（二章一八〇～一八二、五章一〇六～一〇八）。それらのうちの一つでは、必ずしも文書形式を取らなければならないと明示しているわけではないが、遺言を行なうことを推奨している（二章一八〇）。相続の分配は、女性は男性が権利を主張できる分の半分の権利があると見なされる体系に従ってすすめられる（四章一一）。その詳細は四章一一～一二と一七六において述べられているが、それはのちに、最も繊細な点を解決するため、込み入った推敲の対象になった。

コーランには、当然その教えに含まれることを除けば、社会生活を統制するための、断片的な言明しかない。経済の領域については、すでに述べられた相続権の統制を思い出さなければならない。他種類の分配、つまり略奪によって得られた戦利品に関しても同様に定められた規則が見られる（八章四一）。メディナ期を通じて現われる、高利貸しの禁止は、第一にユダヤ教徒を意識したものであろう（四章一六一）。それはいかなる場合でも、ムスリムには留保なしに適応される（三章一三〇）。たとえば女性奴隷の売春のように、コーランのテキストがそれを止めるように言っているにせよ、またたとえばワインや豚肉の販売のように、それが他の禁止に由来しているにせよ、いくつかの活動は非合法とされる。借金の認証は、文書によってか、証人の前で行なわなければならない（二章二八二）。その一方で契約の尊守が喚起されている（一六章九一）。

コーランは奴隷制を認めているが、主人たちはこの奴隷状態にある者を大切に扱う必要があると強調しており（四章三六）、奴隷の解放は、賞賛に値する行為であるとしている（二四章三三）。見てきたように、女性奴隷は、主人の内縁の妻となることができるが、彼女たちを力ずくで陵辱することはやめるように言われている（二四章三三）。

たとえば殺人や窃盗や姦通などの罪悪や違法行為に関しては、コーランにおいて有罪が言い渡されており、刑罰が規定されている。殺人の場合、偶然か故意かで区別が設けられている。偶然の場合は被害者の家族に対する血の代償か、もしくは敬虔なふるまいによって償われる、と規定されている。故意の殺人の場合、応報刑が規定されている。

「正当な理由がなければ、神が殺すことを禁止された人間を殺してはいけない。もし誰かが不当に殺されたなら、我らはその近親者に復讐の権利を与える」（一七章三三）

他の節（二章一七八）が、今述べられた箇所と矛盾しているように見えるのは事実である。なぜなら、殺人と事故との区別がなされておらず、彼らが同じ身分ならば、殺人者以外には応報刑が適応されうるとしているからである。窃盗の場合は、「窃盗した者は男でも女でも、その両手を切り落とせ。それは彼らが犯したことへの報いなのだ」（五章三八）

しかしもし、男性と女性が同等に罪悪行為に直面したならば、女性は相続の場合と同じように、証人としては男性の半分の「価値」しかない（二章二八二）。

最後に、コーランは礼儀作法に関係して、いくつかの勧告をしている。たとえば信者の女性は、「そのヴェールを胸のところまで下ろさなければならない」（二四章三一）。信者の男性は、他人の家に入るさいに許しを求めることが（二四章二七〜二九）、また他人を嘲笑しないことが（四九章一一）奨められている。

ヒジュラ太陰暦のみが、カリフ・ウマルの治世（六三四〜六四四年）に制定されたが、コーランは時間の分割法に関していくつか言及しており、月齢（一〇章五）や、いくつかの月、四つの神聖月の存在（九章三六）にも言及している。一方、太陽暦とのズレを補正するために三年ごとに閏月を挿入するという古代の慣習は非難されている（九章三七）。

イスラーム法シャリーア（charī‘a）がムハンマドの死後何十年たってからでなければ、その完全な形式化をなしえなかったのと同様に、イスラームの教義において、この体系を詳細に検討するさいに、コーランが重要な情報源であることには変わりないが、唯一のものではない。多くの点において伝統的な知識人は、彼らの論証を支えてくれそうな文章の論拠を引っ張り出してきた。たとえば、いくつかの解釈では、啓示に予定説が含まれていると見なすために、二章六〜七や一四章四が引き合いに出されるが、自由意志を支持するコーラン解釈の信奉者は、四章三一を強調する。

第四章　テキストの伝播

コーランのテキストの歴史は、こんにちのわれわれにとって、少しずつムスリム社会に付け加えられていった物語であると見なすにはあまりにも込み入った過程を経たものであるように見える。たしかに一般的な下絵は根本的に混乱しているわけではないが、ジョン・ワンズブローによって練り上げられたこの主題に関する仮説は、最近の研究によって受け入れられないことが証明された。一九七七年に出版された本においてこの研究者は、コーランが文書にされたのは八世紀の終りよりも以前ではないと主張していた。しかし、現在われわれが知っているテキストは厳密にカリフ・ウスマーンが制定したものと同一なものであるという見方がある。大きく広まっているこの見方も極端なものである。

I　テキストの収集

1　アラビア語の典拠

アラビア語の典拠を使用することは、伝わっているさまざまな情報が――それらが同じ出来事に対して異なった解釈を提示していない場合――ときには一致させるのが困難であるという点で、微妙であるということが証明されている。以下はそれらの説を意図的に簡略化したものである。研究者は、六三二年のムハンマドの死の時点においては、書物のかたちでの連続した啓示のテキストは存在しなかったと明らかにすることで一致している。これは、何も書かれなかったと言おうとしているのではない。伝承では、ムハンマドの宣教と同じ時代まで、筆記伝播の開始が遡ることに合意している。それは信者が啓示を率先して書き取ったのもあるし、同様にムハンマド自身が「啓示の書記」に口述を行なったためでもある。一方、相当数の信者はコーランすべてを記憶しており、朗誦することができた。状況は、みずからを預言者と僭称したムサイリマに対するアクラバーの戦い（六三三年開始）によって変化した。コーランを暗記していたムスリムの多くがそこで死んだのだ。これにより、教友の一人であるウマルは、テキストが消えてしまうのではないかという恐れを抱いた。彼はカリフ・アブー・バクル（在位六三二～六三四年）に相談し、最終的にコーランの記憶が消失してしまうことを避けるために、啓示をすべて文書に記載するように説得した。メディナの若者、ザイド・イブン・サービトが、このためらわずには受け入れることのできない重大任務を任された。しかしながら、彼にはこの仕事の資格があった。なぜなら彼はムハンマドの書記の一人であり、コーランを暗記しており、アラビア語だけではなくシリア語も（またいくつかの物語によれば、おそらくヘブライ語も）書くことができた。

ザイドはこの任務をコーランの文書が記されていた雑多な資料（破片、石版、ラクダの肩甲骨、棕櫚の葉柄など）や、彼の同時代人の記憶に頼ることによって一人で果たした。すべてのものは「紙片」に書き写され、彼がそれをカリフに届けた。この調査の状況は、同じ時代だと思われる、ムハンマドの他の教友たち、とくにアリー、ウバィイそしてイブン・マスウードが彼らの個人的使用のために作り上げた、言い換えれば個人的性格のメモ、とそれほど違っていなかったようである。アブー・バクルの「紙片」はとにかく彼の後継者、ウマル（在位六三四～六四四年）、すなわちこの事業の発案者へと渡ったが、その死にさいしては、人びとの予想どおり、新しいカリフ・ウスマーン（在位六四四～六五六年）ではなく、ムハンマドの未亡人の一人であるウマルの娘ハフサがそれを相続したのである。

一方、カリフ・ウスマーンのもとで、コーランの朗誦方法の違いが明らかにされた。伝統的な物語によれば、それはアルメニア遠征（六五〇年頃）のとき、ムスリムの軍隊を率いていた隊長のフダイファがその違いに気づき、不安に感じ、カリフに会いに行き、彼に「（共同体の）成員が、書物に関してユダヤ人やキリスト教徒と似たような不和に陥ってしまうこと」を避けるために規定をすることを要求した。そこでウスマーンはハフサに、彼女の父が残した「紙片」を貸してくれるように頼んだ。彼は、アブー・バクルの集成をまとめた本人であるザイドに、この目的のためにつくられた委員会と協力してコーラン・テキストの調査に取り掛からせた。事業はついに「ウスマーンの流布版」と呼ばれるものの編成へと至り、のちに文書の伝播の基礎となるテキストの写しを帝国の多くの街へと広めることになる。この過程の最後に、ウスマーンはただの紙片であろうと書物であろうと、その他の文書資料をすべて破棄するようにと命令を出した。

2　伝統的な物語と歴史的考証

歴史家たちは長いあいだ、これらの物語において、過程のさまざまな段階に関する不統一を指摘してきた。いくつかの例を指摘するなら、アブー・バクルのもとで実現された調査は、ウマルが提示した問題を解決していない。なぜなら、作業の言葉に関して、共同体はつねに全員に知られているテキストを利用したわけではないからである。伝承そのものが、コーランを暗記していた非常に多くのムスリムがアクラバーの戦いで死んだことを疑わしいものとしている。ザイドを取り巻く、ウスマーン版の制作に携わった委員会のメンバーの名前が、それがイスラームにとってはきわめて重要であるにもかかわらず、資料によってまちまちなのである。同様に歴史家たちは、何人かの教友による集成が使いつづけられていたことが知られているにもかかわらず、ウスマーンによって命令された、ムハンマドの宣教と同時代にまで遡る古いテキストの破壊の、少しでも納得のいく理由を調査した。ウスマーンの流布版以外の、口承と同じく文書での伝承は、実際には十世紀まで証明されている。流布版と比べて、それらの主題に関してわれわれが利用できる情報は、実際にいくつかの相違を見せている。テキスト上の小さな異読やスーラの分類に関する、ときとしてのわずかな違い、またイブン・マスウードのものはスーラの総数が少なく、また他のものは多い（二章参照）。最近イエメンで発見された古代の断片は、スーラの順番の変動があったことを立証している。イブン・マスウードのものと同様に、そこでは二六章は三七章のあとに位置しており、必要ならば非規範的な事例のほうがよく生き延びたということの証拠である。

最後に、書き写しの主導性も同様に調べてみると、コーランのテキストは明らかに朗誦用の集成の構成論理にしたがっている。たしかにコーラン自体は書かれた物／書物として示されているのであるが、暗記が重要な役割を果たしたのも明らかである。しかし、詩人が書いた作品の伝達者は文書を利用していたという実例を見れば、コーランのようなより大きい広がりをもったテキストにとって、筆記文書は必要不可欠であったと考えられる。とりわけ、この文章が書かれた時に関する議論がなされているが、ある者はこれをメッカ期の最後あたりであると見なしている。しかし他の者はそれをメディナ移住の少しあとであると位置づけている。

すでに見てきたように、ジョン・ワンズブローは、周知のとおりテキストはあとになって書き写されたという意見を弁護し、その作業の考えられうるもっとも早い日付を、八世紀の終わりであると示唆していた。遅くとも七世紀の終わり頃とするという、ウスマーンの流布版と同じ筆記伝播の物質的痕跡は結局のところひとつの可能性として取り除かれた。ムハンマドの監修のもとでの完全なコーラン全体の書き写しに関する問題は、反対に提起されたままである。ジョン・バートンは明らかに伝承の資料とは対立しているこの仮定を提示した。一般的には、少なくとも部分的にでも、啓示の書き写しがムハンマドの時代になされていたという考えは、現在では低調である。この時代からスーラがそういったかたちをとっていたのではないかという学問的疑問は、それらがあとになって現われたと考えている者や、その点については、場合によっては部分的にでもムハンマドの主導であると本当に考えている者と対立しつづけている。これはすでに見てきたように、とくにリチャード・ベルによって、そしてその後、W・

モンゴメリー・ワットによって広められた意見である。

ほとんど同時に行なわれた競合するかずかずの調査は、この作業に賭けられているものを再浮上させた。さまざまな集成は、権力や意見の対立の産物であり、異なる興味をもつさまざまな集団に属している。冊子を主要都市へと配布し、書かれたテキストの拡散過程の端緒となったカリフ・ウスマーンの働きかけは、書くという行為が個人的な領域であった古代の伝統を、疑いなく断ち切った。それはイスラームを書物の文化へといざなったのである。以前の冊子の破棄は彼の計画によく合致するものであったが、それは激しく非難される。そしてのちにさまざまな異端が、ウスマーンの流布版テキストが被ったであろう変化を思いおこさせることになる。

Ⅱ　筆記伝承

1　表記体系の進化

アラビア語の文字は、母音欠如アルファベットであり、筆記伝承に重大な影響を及ぼしている。その特性は、使用可能な記号の数（語尾形と独立形では一八、しかし語中形では一五だけである）は、同綴語の上か下に振られた線か点（一つから三つ）、つまり弁別記号がなければ、その子音と半母音の数（二八）と一致しない。これらの記号はラスム、つまり「子音的骨格」を構成するものであり、別の言い方をすれば――弁別記号を記さないことも可能ではあるが――書記がアラビア語を書くさいに紙の上に書き記すものである。ラスムは曖昧な部分を保持している。なぜなら短母音も、いくつかの発音的特徴も反映していないからである。**kutub**「本」という名詞、**kataba**「彼は書いた」や**kutiba**「それは書かれた」という動詞のかたちは、紙の上では同一である。それらを区別させ、読者にそれらを確実に理解させるためには、文字の上下に母音記号を付け加える必要があるし、弁別記号がなければほとんど理解できないことになってしまう。同様に単純動詞[1]の**kadhaba**（三九章三二）と強意動詞[2]の**kadhdhaba**（三九章二五）を区別するためには、特別な記号（シャッダ）の助けが必要であろう。また母音の欠如（スクーン）や母音のアタック[3]（ハムザ）を記すためにも同様である。正確な発音に貢献するこれらの表記法は、正音学的であると言われている。

（1）日本における文法用語としては「動詞一形」〔訳注〕。
（2）同様に「動詞二形」〔訳注〕。
（3）声門閉鎖音〔訳注〕。

それが写本であろうとも印刷物であろうとも、コーランの写しを意味するにはムスハフ（muṣḥaf）という、特殊なアラビア語の用語が使われる。最も古くまで遡れる用例は、どの時代のものであろうか？伝統的文学においては、どこどこの都市においてウスマーンの、もしくは教友の誰かのムスハフが発見されるというのは比較的頻繁に起こることである。現代においても、たとえばカイロ、イスタンブール、タシケントなどの多くの教育機関は、なんらかのムスハフをもっていると主張している。この時代、イスラームの始まりを彩っているこれらの人物に帰される写本のすべては例外なく、一般的に九世紀とされる、より後期のコーランの存在を証明し、そこには偽の署名か、もしくは同様の伝統によって誰のものか割りだされた署名（正確には奥付）が付されている。

ところでわれわれは、ウスマーン版のものとどこが似ているのかわからないが、七世紀の後半と推定される古代の写しをいくつか保持している。これはわれわれに、コーランがこの時代に出現したという考えを抱かせるに足る、少なくとも実質的な断片である。それらは現代の版と、表記法において大きく異なっており、多くの点でかなり不完全である。写字生たちは比較的少数の弁別記号しか使っておらず、母音の発音は全体として欠如している。つまりyaktubu、taktubu、そしてnaktubuというそれぞれ三人称と二人称の単数と一人称複数の動詞のかたち（彼は書く、あなたは書く、われわれは書く）は、最初の文字に点が打たれていなかったならば、羊皮紙の上においては同じかたちで現われるのである。結局、正書法は不正確であり、たとえばqāla（彼は言った）とqul（言え！）を区別することもできなかった。それらの写本を正確に読むためには、あらかじめテキストを知っている必要があり、それは朗誦における相違を防ぐために、筆記によるテキストの固定化を試みたウスマーンの事業を説明しようとする、伝統的に引き合いに出される動機について疑問を投げかけている。

ウスマーン版のラスムを完成させるという一連の改善と主導という意味では、その目的はさらに二世紀経ってからしか達成されなかった。最初、それは、長いaをより体系的に記すためにアリフの文字を挿入したりという、ふさわしい場所への加筆によって変化させられた。そのおかげでqālaとqulといったような状況での曖昧さはなくなった。ラスムに含まれていない短母音は、およそ八世紀のはじめに、不規則にではあるが、写本の上に記されるようになった。基本的に赤色の点が——補助文字の助けを借りながら——その位置によってアラビア語の三つの母音、a、i、そしてuを表わした。よりのちになって、現代において使用されている母音表記の体系が現われ、九世紀の終わりから徐々に広がっていった。最初の頃は赤色のままであったが、それからラスムと同じようにインクで記されるようになった。正音学的記号もおそらくほんの少し遅れて同じような進化を辿った。最初は赤色以外の文字で不完全に記されていたが、九世紀の終わり頃には、こんにちでも健在である特殊なかたちを見ることができる。興味深いことに、最初から知られ、使われていた弁別記号は、のちのちまで普及しなかった。九世紀に、弁別記号をほとんど備えていないムスハフを見るのは珍しくなかった。十世紀には逆に、アルファベットの体系を知っているがテキストを暗記していない信者が、コーランの写しを読み間違えることがないように、すべての記号が表記された。ウスマーンの目標は、充分に達成されたのである。

2　ムスハフの進化

ムスハフには、同様に他の進化——つまり形式上のこと——も知られている。写本伝播の最も古い痕跡のコデックス、つまり紙片を二つ折りにし、その折り丁同士を真ん中の折り目に沿って糸で縫って仕上げる装丁も、保存されていく書物のかたちとして現われている。書物のこの形式は、七世紀アラビア半島の隣接地域では主流であり、またそれは古代の巻物に取って代わった。代表的な例外は、知られているように、伝統を重んじるトーラーである。最初期のコーランは、いくつかの文字が右側に向かって伸びているような外見が特徴の「ヒジャーズ方言」の書体で、縦版で羊皮紙に写された。写字生たちは、文字の外観に関することには大きな自由裁量をもっていたようで、のちに記されるようになる、長いaの表記には不完全な正書法を採用していた。

第二段階では、前と重なる部分もあるだろうが、文字の形式の統制が行なわれた。おそらくこのときに、コーランの写本において書道が誕生したのである。この改善計画の進歩を、書記官にアラビア語とアラビア文字を使用させたウマイヤ朝のカリフ、アブドゥ・アル・マリク〔在位六八五〜七〇五年〕に関連づけるのは興味深いことであろう。彼の在位期間の碑文に現われている書記法と、いまだにヒジャーズ方言の正書法の習慣に従っているコーランのいくつかの断片との類似性は、あらゆる点で、その仮定を許してくれるものである。

ほとんど同じ時代、炭素一四による年代測定の結果、サナアに保存されていたコーランが書かれた大規模な紙片群によって、より太く丸い基本線をもつ書体が出現したことが明らかになった。それによって代表される美は二世紀以上ものあいだ主流で、それは縦版が横版になった写本形式の変化と一致している。ムスリムの伝承は、この進歩を裏づけるテキストを保持しておらず、二つの仮説がそれを説明するために提示されている。ひとつは、横版の形式はコーランをトーラーの巻物や福音書の縦版写本と区別するためであるという説、もうひとつは、ムスハフを、始まったばかりのムスリムの写本伝統のただなかに位置づけるためであるという説である。なぜならハディース〔ムハンマドの言行録〕の筆写が始まったのはこの時期だからである。たしかにお互いにまったく正反対とは言えないこれらの説明を支えると考えられるもう一つの要素がある。実際のところ、装丁の種類は開閉式の箱の形式であり、ムスハフと同一の外見を採らせるためにコーラン専用のものが現われたのは八世紀のはじめであったのだ。

より古い写本の書かれたものをいくつか除いたり減らしたりした装飾は、ウマイヤ朝以降にかなり進歩した。より多くの簡素化された装飾については、その事例の鑑定目録は豊富であり、そこでは後期古代キリスト教やササン朝イランの美術からの影響を見出すことができる。より「具象的」な構成要素、とくに建築物などは素材から徐々に消えてゆき、植物の世界は構成要素としてしばしば使われ、幾何学模様はつねに使用されている。装飾的要素は最初と最後の頁や、それぞれのスーラを分けた節ごとのあいだに位置している空白を埋めている。つまりその機能は基本的に、テキストの区切りを明らかにするものであった。

一般的にクーフィー体として知られている八、九世紀に写された太い文字は、初期アッバース朝文字とでも呼ぶべきものと同一である。それらは九世紀の半ばから、とくに十世紀においては、細い直線と、曲線に割れ目を置くところとのコントラストを強調するような書体とも言うべき、細長い書記法と競合していた。これら新しい書体にはコーランの筆写がなされた時期、つまり八世紀のあいだに、多くのヴァリエーションが認められる。最初は横版の写本に現われ、十世紀の半ばには少しずつまた普通のかたちになっていった縦版形式に写された。

おそらくもう少し早くであるが、コーラン・テキストの写本の伝播状態が、根本的に物質的変化を遂げたのもこの頃である。紙が実質上羊皮紙に取って代わりはじめたのである。それが形式上の変化に影響を与えたというのはありえないが、おそらく異なる筆写形式が採用されただろう。紙の導入により、より多くの人びとが手に入れることができるようになった書物は、価格が低下した。需要の増加は、即座には写字生の増加に結びつかなかったが――それは初期アッバース朝の筆写ではおそらく難しかったであろう――生産リズムの加速を促している。新しい書体は、それを使えばもっと迅速に書くことができるというおかげで、十世紀の終わり頃にそれがコーランにとって日常的に使用される前から、この進歩にとって最適であった。母音表記の体系と正音学記号が完全に形成され規範化されたのは、この時代の前後であるということは、注記しておくべきであろう。

この時代以降、ムスハフの異読はごくわずかになった。これは基本的に、十三世紀の写本を十九世紀のものと区別する、もしくは、マグレブのコーランが中国における写本とは異なっていると知らしめる書法体系の変化による。写本による伝播は長いあいだの規範であった。十六世紀にヴェネツィアで行なわれた（一五三七～三八年）、不幸な印象をもつ最初の試みは、のちに活版印刷を利用したヨーロッパ人主導の別のコーランを伴い（一六九四と九八年）、それはずっとのちの、オリエンタリストのあいだで大きな成功を収めたギュスターヴ・フリューゲル（一八三四年）版まで使われた方法である。さまざまな理由で、このヨーロッパ人による印刷本は、ムスリムの公的な要請には合致せず、むしろ活版印刷術に対する不信を呼び起こした。とはいえ、コーランの最初のムスリム版が一七八七年のサンクト・ペテルブルクにおいて日の目を見たのは、活版印刷術のおかげであった。印刷状態を手書き写本により近くすることができる石版印刷の導入は、十九世紀の前半における、ムスリム世界でのさまざまな版の多様化を説明する。しかしながら、この方法は活版印刷ほど大量の部数を稼ぐことはできなかった。大量伝達時代の入り口の最も重要な結果は、わずかながら達成された。一九二三年、カイロにおいてアズハル大学の学者が、ハフス（上記参照）から伝わったアシームの読み方にもとづくコーランの校訂を成し遂げた。強調しておくべきであるが、この仕事は口承伝承に基礎を置いており、古いムスハフの助けを借りることなく、朗誦や読み方などの技術を校訂に反映したものである。この版の出版は、昔からムスリムとそれ以外の世界に必要とされており、伝統によればカリフ・ウスマーンによってなされた素描を、ほとんど完全に実現させることに成功している。

Ⅲ　口承伝承

ムスリムは、もしコーランのすべての本が破棄されたとしても、テキストは人間の心に生きつづける、と言うのを好む。そして実際、イスラームの最初から、テキストの記憶――少なくともその一部の本質的な節から、その全体まで――は、信者が啓示に献身的であるという信心の変わることのない特徴を形作っている。この状況は一方で、古代文明において記憶が占めていた位置によって、また他方、とくに詩の分野で文学の形式の保持に関する前イスラームのアラビア半島における長い伝統によって説明される。詩人は、詩句ごとに記憶して、それからそれを朗誦する――つまりそれを広める――ことを任せられている送信者（ラーウィー）を自分の傍においていた。イスラーム以前の時代には、この送信者には文字を書くことができ、彼らの記憶を保持するために、また同様に不完全な詩句を修正するためにも、メモをもっていた者もいたと考えられる。ムハンマドの宣教とともに、フランス語で「朗読者」と不適切なかたちで呼ばれる、コーランを暗記している新しい種類の人間が現われた。彼らの先駆者であるラーウィーたちと違い、彼らはテキストを訂正することが許されていない。にもかかわらず、ムスリムの伝承はわれわれに、難しい言葉を同じ意味のものに置き換えながら、「感覚によって」朗誦していた「朗読者」の記憶を伝えている。そして彼らが啓示に対してとったこの勝手なふるまいのせいで非難されている。

コーランは口承伝承に向けられたテキストである。受け入れられた名前クルアーン（qur'ān）は、この根源的な実情を正確に言い表わしている。同語根に由来する言葉キラーア（qirā'a）は、コーランのすべてもしくは一部を朗誦することと、とくにその発声法に関する特別なシステムに従って読む／朗誦することを同時に指し示している。この点についての違いは、長いあいだ知られていた。十世紀の始め頃に起こった伝承は、この朗誦もしくは「読み方」を一四種類——そのうち七つは重要な役割を果たしている——を認めている。

そもそも、すでに明らかにされた欠陥のせいで、筆記は記憶の補助以上を望むことができないという伝播の過程が明らかになるにつれて、テキストの暗記がある地位を占めるようになっている。二世紀以上も、「選択」のきわめて大きな自由裁量が認められ、ラスムや母音発音に関してどんな異読を採用するかが委ねられていた。たしかにそれは、九三四年にこの自由が終わりを迎えることになった論争の引き金である。実際、ウスマーン版のラスムは異読を制限しはじめていたが、それが徐々にでも必要であることは疑いようもなかった。なぜなら結局それは、ある程度その最初の形式に縛られたままであったから。古代の写本はその不完全な性質のまま、ある程度までは、さまざまな学派の信奉者に使用された。それは完全に母音記号が振られた版ほどには容易でなかったであろう。さまざまな読み方のあいだで充分に自由な選択が可能であったにもかかわらず、このラスムは、それを望むと望まざるに関係なく、子音の骨格が流布版のものと一致しない「特殊なもの（シャーッズ）」と呼ばれた異読の最初の一群をすべて周辺に追いやることによって、口頭に対する筆記の暗黙の優位の第一段階を示した。

ムスハフが短母音の表記を受け入れはじめる次の段階は、アラビア語資料によれば、ウマイヤ朝のイラク知事、ハッジャージュ・イブン・ユースフ（七一四年没）に関係しているという。実際のところ、この発展を彼に結びつけるのは不可能ではあるが――写本はそれよりほんの少しあとを示している――それは性急な改革というよりも、段階的な進歩であった。反対に、テキストの正しい読み方のためにムスハフを確実に参照することによって、母音表記と正音学的記号の数と正確さが完璧なものになったことが明らかになっている。しかしそれは、いくらか逸脱した読み方が完全に消滅することを意味しなかった。それらは、注釈家や文献学者によって専門化され、使用された作品のなかに保持された。それは少数派の体系を排除することによって、最終段階を準備する合意へと至る運動であったと考えられる。

この運動は、イブン・ムジャーヒド（九三六年没）の活動と一致する。彼はバグダードにおける朗誦のイマームであり、大臣イブン・ムクラの支持を得て、正典的な七つの朗誦体系を整える一方、ほかのものを「特殊なもの」として、その使用を禁止することに成功した。それは次のような禁止・非難例を生むことになる。朗誦者イブン・ミクサムは、彼自身によるテキストの句読法や母音発声法を決定することを諦めなければならず、彼の同僚のイブン・シャンナブーズも、正統的ではないイブン・マスウードの読み方を捨て去ることを拒否して、〔公然と糾弾された。イブン・ムジャーヒドによって権威を与えられた七つの体系とは、メディナのナーフィゥ（七八五年没）、メッカのイブン・カスィール（七三六年没）、ダマスカスのイブン・アーミル（七三六年没）、バスラのアブー・アムル（七七一年没）、そしてクーファの三人の朗誦者、アーシム（七四六年没）、ハムザ（七七五年没）、そしてアル・キサーイー（八〇五年没）のものである。彼らの読み方は、それぞれのケースにおいて、二人の学者によって伝承された。のちに認められることになるそれ以外の読み方は、大規模な聴衆を獲得しなかった。また「七つ」のなかでも、三つだけが広範囲に広まった。それはハフス（八〇六年没）によって伝えられたアーシムのもの、アル・ドゥーリー（八六〇年没）によるアブー・アムルのもの、そしてワルシュ（八一三年没）によるナーフィゥのものである。ナーフィゥのものが広まったのは、実質的にはマグレブに限定されていた。アーシムのものは、一九二三年のエジプト版によって、疑いなく最も広く知られたものである。というわけで、いま一度、筆記は口承伝承の方向性を形成するのに貢献しているといえるだろう。

多くの場面において、さまざまな学校における異読は、意味のとり方に限られたものである。反対にいくつかの節に関しては、とくに法的な立場に関わる点において、それらが差異を呼び起こしている。それらの状況以外では、七つの読み方の一つが、最後の文字に、他のものが斜格〔アラビア語において主格以外の格、つまり属格と対格を合わせた呼称〕を与えているのと違って主格を与えているという、八五章の二一～二二節が思い起こされる。他の六つはその節を以下のように読んでいる。

「これは、反対に、栄光あるコーランであり／守られた碑版の上にある」

そして七つめは以下のようである。

「これは、反対に、栄光あるコーランであり／碑版の上に守られている」

Ⅳ　大量伝達時代のコーラン

聖書から三世紀強遅れて、コーランをより広めるために印刷術にたよるということが、コーランを「グーテンベルクの銀河」へと引き入れることになる。それから、伝達の分野における甚大な技術的進歩が、天啓のテキストの普及にすばやく貢献した。二十世紀始め以来、コーランの節は写真記録の形式において利用が可能になり、アズハル大学のカーリーの長による、コーラン全体のＬＰレコードによる朗誦は、レコードの分野において、一九二三年の出版と同じような重要性を示している。カセットがＬＰレコードのあとを継ぎ、それからアナログ記録がＣＤとともにデジタルに取って代わられた。それぞれの段階において供給が拡大された。現代では、消費者はさまざまな媒体のなかから選ぶことができる。

ラジオにおいて、それからテレビにおいて、コーランの節の朗誦は長いあいだの規範であった。宗教的な祭典や、当然ながらラマダーン月には、それに関わる放送が顕著に増える。これら音を発し、場合によっては映像を伴うさまざまなメディアは朗誦の伝達の場を増大させ、半世紀前にはそれがなかった環境、たとえば車やレストランなどにも浸透させた。これらの新しい状況は法学の専門家によって急速に輪郭を確定されるさまざまな問題を生み出したが、それに対しムスリム社会は、朗誦されるテキストへの新しいアプローチを少しずつ形成していくという、自発的な回答を行なった。

コーランのインターネットへの到達は迅速だった。多くのサイトがそれを文書のかたちで、もしくは朗誦を伴って提示している。この新しい媒体にありうる可能性は、読み方と閲覧方法が一変してしまうことである。テキスト自体は問題ではなく、むしろインターネット・ユーザーに選択された文脈や意味が問題である。彼らは流布版を尊重するだろうが、当然伝統的なアプローチと合致しない文脈を選択することも自由であると感じるだろう。他方、この媒体の現状では、サイトの向こう側にいる個人や集団はつねに明確に特定されるわけではない。何人かの著者によれば、ウェブ上では正統的ではない領域がとくに活発であるという。

声の記録と伝達の技術的な違いは、朗誦されたコーランと、恒久性の獲得に失敗して、伝統的な参考の役割を少なくとも同じようにはもはや果たしていないムスハフとのあいだの関係を根本的に変えてしまった。筆記のものと似たような進化によって、これらの技術が朗誦の普及の成功に貢献するかどうかは、未来が明らかにしてくれるだろう。

第五章　ムスリム社会におけるコーラン

長年にわたって、ムスリムの人びとの生活においてコーランが中心になっていることは、強調されるまでもなかった。ムハンマドの時代から、テキストを記憶することが広まり、それが教育の基礎をなした。非常に早く、解釈学は発達し、啓示の正確な理解の助けになると考えられるさまざまな学科がもたらされた。ムスリム共同体によるコーランへの対応に関する研究は、本書の範囲を超えた説明を必要とするので、読者はアリ・メラッドの著作〔八頁参照〕を参照するとよい。ここでは、R・ブラシェールが「コーラン的事柄」と呼んだものの別の側面、とくに日々の暮らしのなかにおけるコーランの現われの、つまりあまり知られていない側面の概説がおもに述べられている。この問題に関して、とくに歴史的な視点を有する少数の研究は、後述の断片的な性格を明示している。

I　口承性とその現われ

最初から、テキストを記憶することは重要な位置を占めると言われてきた。伝統的な教えにおいては、これはあらゆる教育の始まりでもある。子供たちは、教師の指導のもと、より短い後ろのほうのスーラから、テキスト暗記を始める。以前はしばしば、見習い期間においては信仰に関する本質的なテキストに限られ、とくに地域世界ではきわめて控えめな範囲で展開されていた。この期間に、書くことが教えられる。というのも、生徒たちは木の板に、いましがた身に付けた文章を書き写すからだ。十六世紀のモロッコにおいて、コーランの生徒はコーランのコピーを使わず、教師は記憶に頼って教えていたということを――これは古典イスラームにおいてはごく一般的な状況であるが――ヨーロッパ人が幾分かの驚きをもって書きとめている。マルチメディアの進歩は疑いようもなく、コーランを教える状況に変化をもたらした。たしかに、現在、テキストを学び、その朗誦の初歩を身につけることを可能にしてくれるCD-ROMは覚え込みという点において生徒を導く教師に取って代わっているわけではないが、競合相手になっている。それらはとくに、伝統的な教えにおいて、生徒を最終的に七種類の「朗誦」に世代を超えて遡らせる――最終的には預言者自身に行き着く――教えの連鎖へ結びつけている伝播の鎖（イスナード）についての疑問をうきぼりにした。

コーランを暗記した者であるということを指し示す、ハーフィズの称号は、コーラン学の専門家になるために必須ではないが、敬虔なムスリムによって誇りをもって保持されている。たとえばマーリク・イブン・アナスのように、それを認定するのに慎重ないくつかの権威があるにもかかわらず、信者が、その意味を理解することなくテキストを記憶しているということは珍しくない。彼の時代においてマーリクは子供のケースを考えていたが、それはアラビア語を知らない信者も同様である。この言語の教えを推進させようという多大な努力にもかかわらず、われわれの時代においても、内容を理解していないハーフィズは珍しくない。

コーランの全体か、もしくはその一部を朗誦することは、信者たちの生活に根本的に同化している。たとえば、原則として一日に一七回、五回の祈りのあいだにファーティハを発話する機会がある。人びとはそれに（一般的に限られた数の文章から選ばれた）他の抜粋を付け加えることができる。すべてのムスリムにとって、彼らの言語が何であろうと、ファーティハのテキストをアラビア語で知っているということは、とりもなおさず義務である。それがなければ祈りは有効ではない。しかしその朗誦は信者の宗教生活の場面に限定されてはおらず、それを発話するよう仕向けられるような状況は多岐にわたっている。いくつかの実践法はすでに明らかにされている。たとえば、墓に記されたファーティハは、それが古代の習慣であったことの証しである。しかもこのスーラは非常に早くから、信者の生活のなかに現われていた。それは、子供が名前を授けられるとき、それから少年が割礼を受けるときに唱えられた。結婚のときにも唱えられた。また「玉座の節」（二章二二五、第三章）や、最後の二つのスーラ（一一三章と一一四章）のあとに口に上るのもこれである。もし病人の枕元にいたら、朗誦を終えてからその上に息を吹きかければいい。

寝る前にその最後の二つのスーラを唱えるという、預言者にまで遡ることのできる伝統に従った実践は、かなり普及しているようである。テキストの全体を朗誦することは、賞賛に値する行為であるが、夜のあいだ中、以下の一一二章を休み休み繰り返して唱えるというのも、信者に認められる功績である。「言え、彼こそは唯一なる神！／神！　不可知なるもの！／彼は何も生まず、何ものからも生まれない／何ものも彼に比べうるものはない」

より一般的に、とくに特定の節やスーラの徳効に対する大衆的な信仰は、人生の特定の出来事や場面に関連づけられている。臨終のさいは三六章を朗誦する。非常に古くから確実な実践法によると金曜日のモスクでは、一八章を聞くことができる。しかしコーランは全体としてムスリムの儀式にはあまり残っていないということも指摘しておかねばならない。

公式には、朗誦は、声の抑揚やアクセントや休止に関わる厳密な規範に従って読みあげる、さまざまな様式に細分化した一つの芸術（タジュウィード）の範疇に含まれる。それは伝統的には、振る舞いの規範（儀式的な清らかさ、発音する前後のなんらかの形式的な発音など）にも従っている。現在、ムスリム世界においては、アラビア語話者かどうかを問わず、朗誦コンクールがつねに行なわれている。それらは多くの聴衆を惹きつけ、テレビで放送されることもある。これはとくに、その間にコーランが啓示されたというラマダーン月に開催され（ムスリム伝承の一般的解釈によれば、四四章三と九七章一）、それは一年のこの時期に、とりわけ啓示されたテキストが注目される理由である。女性専用の部門もあるこれらの競技は、技術的基準（テキストへの忠実さ、タジュウィードなど）にもとづいて審査委員によって順位づけされる。ごく最近、こういった分野の最初のコンクールがインターネットで開催された。この新たな種類の競技の参加者は、基本的にアメリカ合衆国、カナダ、イギリスの住民であった。

いままで同様こんにちでも、朗誦は、しばしばカリーという専門家によって行なわれる。音楽とタジュウィードのあいだの関係から、多くの著名な歌手、たとえばウンム・クルスームが同様にカリーも行なっている。二十世紀中頃のエジプトにおいて、中産階級の信者たちはカリーを彼らの住居に呼んで、コーランの文章を朗誦させることができた。さまざまな記録技術の進歩にもかかわらず、カリーは大衆的な人気を博している。エジプトでは、都市部と同様に地方でも、葬式のあとなどに近所の人や親戚が故人の家族に弔意を示すために、これらの専門家を雇ってコーランの一部を朗誦させたりする。二五、三六、一一二章が好まれているが、コーラン全部が朗誦されることもある。シリアにおいても同様で、三晩のあいだ、それぞれ三時間半にわたって行なわれる。

他の多くの状況が、ある一つの、または多くの節を朗誦するきっかけとなり、ときにはそれは記録される。アラブの航空会社は、飛行機の離陸の前にそれを放送し、ラジオやテレビ局は、番組が開始するときと終了するさい、同様に放送している。電波に乗せられたコーランは、とくにラマダーン月のあいだ重要になる。それは高名なカリーや、前述のコンクールを聞ける機会だからであろう。規範にのっとって朗誦されたコーランを聞くことは信者にとって、非常に激烈な体験である。神の言葉は恍惚と恐怖を引き起こす。「涙と恍惚」、それは聴衆を死に至らしめることもできる。アラブの国々では、公の催しのさい、聴衆はカリーの技術と同様、節の意味に対して反応しているときにも、この感情が見受けられる。それ以外に、いくつかのスーラの終末部（たとえば、一七章や七五章）は出席者の敬虔な叫びを引き起こす。神聖なる言葉は祝福を伴っている。たとえばウィリアム・A・グラハムによって報告された逸話はこれを示している。東部アフリカに移住したあるイスマイル派の家族は、家を祝福で満たすために、その一日をパキスタンのラジオから流れる朗誦によって始めるという。

朗誦された、もしくは「読まれた」コーランはきわめて長いあいだ、都市的な文脈のなかに組み込まれてきた。しかし、さまざまな別の面が正典的な祈りの儀式以外にも確実に存在している。古くからの実践に関して、われわれの情報はきわめて断片的で——多くは筆記に関係している——ある。大きな声で三〇巻本のコーランの使用を宣言する公的な読み方は十二世紀以来の決まりである。むかしの法的な権威はカリーの報酬について非難していたが、彼らはその活動に対して賃金を受け取っていたようである。実際ワクフ（共同体に蓄えられた寄進・寄付金）の収入が、朗誦者のみならず、その儀式に関係するものまで報酬を受け取ることを可能にしていた。とくにマムルーク朝時代において、保存されている写本を通じて、もしくはワクフの記録自体によって、多くの例が知られている。朗誦は、ときには故人を悼むために墓の周りで行なわれ、ときにはモスクのなかの信者に、それどころか隣の通りの通行人に対しても向けられた。

正式な読み方は、より敬虔な場面でなされる。ラマダーン月のあいだに開かれる会議がしばしばそうである。マグレブ版のコーランの冊子はその目的のために二九の部分に分けられ、それを三〇のジュズウに分割する特別な記号が余白に付されている写本のなかに儀礼用の記号が付されているという特別なケースである。この月の最後の一〇日は、とくにこの敬虔な行ないに適している。一晩のあいだにテキスト全部が朗誦されることもある。しかしラマダーン月以外でも、公的私的を問わず、朗誦のための会が頻繁に開催される。それは祈りの機会を設けると同時に、芸術的発表の場や精神的「気晴らし」の一形式であったりする。

ときに抜粋を朗誦するのは、おそらく非アラビア語話者地域における特別な習慣である。十四世紀にイブン・バットゥータは、一日中モスクの中庭にいて、その間、午後の祈りのあとに、大きな声で三六、四八、そして七八章を読むという会合に参加した。現在、再生機器や放送などのおかげで、コーランの言葉を聞く機会は多岐にわたっている。

コーランが教育や日々の生活において占めている地位は、W・A・グラハムの報告によれば、キリスト教でも知られている、コーランの起源についてのさまざまな表現がなぜアラビア語話者の日常言語に現われているかということを説明している。十四世紀ものあいだアラブ古典が保持されてきたことは、疑いようもなく「コーラン的事柄」や、日々の暮らしへのその定着と関係している。アラビア語以外が使われている場合でもムスリムはみずからの言語に、コーランに現われている言葉や表現を取り入れている。それは、さまざまな状況に応じて信者の口に上るコーランの文句であったりもする。P・ジャック・ジョミエはその口語表現のリストを出版した。彼はそこに、シャイフの逸話を二つ付け加えている。一つは、彼の友達のある者が、彼と会ったときに五章八二（二章参照）を朗誦したというもの、もう一つは、道ですれちがった見知らぬ人が、彼を見て五七章二七――キリスト教修道士への批判――を朗誦したというものである。

コーランにおいて知られる教義の模倣不可能性という性格は、啓示のテキストを、人間的野心の埒外に据えている。反対に、現代まで続くアラブ文学における典型例や典拠を形作っており、直接的な引用にしろ、仄めかしにしろ、作品のなかに浸透している。こういった場合では、作家は、読者の、コーランへの、もしくは少なくとも日々の暮らしにおいて見られる節への親近感を利用している。アラビア語が話されていないムスリム国家においては、イスラームの教えに充分触れるためには必要不可欠である知識を広めるように多大な努力がなされている。

II ムスリムの都市に記されたコーラン

七世紀以降、こんにちも見られるように、ムスリムの都市にコーランの碑文が刻まれてきた。六九一年イェルサレムに建築された岩のドームの周りを囲むモザイクに始まり、こんにちの公的建築物を飾る文言に至るまで、またアフガニスタンのジャム・ミナレット（十二世紀）の下部を取り囲む十九章に始まり、テヘランのガディール・モスク（一九八七年）に書かれたファーティハに至るまで、イスラームのいつの時代でも、またどの場所でも、宗教的、または公的建築物の壁にコーランの文句による賛美の言葉が見られた。それは、故人の信仰の証となる何節かが彫られた墓石にまで至る。家々において、しばしばコーランの文章が記された「カリグラフィーの絵」は、壁のいい位置を占めている。現代では、これらの状況は多様化しているようである。たとえばムスリム国家においては、自動車やバスやトラックの車体に配されていたり、あるいは汚れる可能性のある場所に記されているものもある。こういった行ないはどれも、今日的な敬虔さの表明であり、こういった種類の危険性からとくにコーランの文章を守ろうとする、むかしの実践法とは対照をなしている。たとえば一三五一年に、法学者のスブキーが、たとえば「祝福」などの文字が織り込まれた絨毯の上を歩くのは許されるのかどうかという質問に関して法学的見解を示している。彼は、それはよろしくないと結論づけた。こんにちのムスリムのフィクフ（法学）についての専門家は、文言の急増に由来する、同様な状況の多様性に直面して、同じ原理を提唱しているが、音声や映像の記録に関しては新しい見解もある。

Qur'ān とシリア語の **qeryana**（典礼的な読み方）とのあいだの精密な語源学的アプローチから、コーランという本の「典礼的」用法が考慮されていたと考えることができる。ところがそれは違っており、コーランの写本はムハンマド――ムスリムの伝承によれば、彼はテキストとして書かれたものができあがる前に死んだということを思い出してみよう――によって制定されたような宗教的実践においては居場所がなかった。もちろん、それがいかなる信仰の実践ともまったく関係していないと言うつもりはない。

とくに、書物の写しを増やそうという情熱、冊子をより豪華に、立派にしようとするかなりの投資は、写本がムスリム社会においてある役割を演じたことを考えさせる。一方で、初期の世紀における表記法の進化は明らかに朗誦の流派の理論家に影響を与えた。不幸にして、この点に関する情報は少なく、この疑問に関する研究は始められたばかりである。

コーラン写本を取り巻く特別な敬意――またそれは自然と印刷された形態にも及ぶ――は強調しておくべきである。ある節は、その一般的な解釈では、純粋な状態においてのみ写本に触れることができると規定している。

「これは本当に、高貴なるコーランである／隠された聖典のなかにあり／純粋な者のみがそれに触れることができるのである」（五六章七七～七九）

これは信者に関する文言であるが、非ムスリムの手のなかでもコーランが存在しうるということと矛盾する。写本がこれ以上役に立たなくなるほど損傷すると、正しいムスリムはそれを冒瀆から守るためにさまざまな手段を採っていた。ムスリム世界のさまざまな場所で発見された、古い写本の保管場所は、この問題に対する答えを示している。使いふるされた紙片を厚紙にすることも可能であったが、他のコーランの表紙を作るために製本用の板として流用されることもあった。

写本の時代におけるその流布の重要性は、事例の少なさもあり、証明するのは難しい。写本を手に入れるのは、多くの信者にとって非常に金のかかることであったため、死手譲渡財産（ワクフ）としてのモスクへのコーランの寄付は、たくさんの信者にそれらを触れさせる役にたった。九世紀以降、敬虔な人物が、モスクや礼拝堂のために行なった寄付の記録が記された冊子が保存されてきた。それは多くの場合、三〇ジュズウの一揃いであったようである。公的な使用用途のこのような写本の歴史については、個人のもとにあった写本についてであるという以上のことは知られていない。比較的後期、十八と十九世紀の記録で多くの家庭は一冊の本、つまりコーランしかもっていなかったことが明らかにされるだけである。さらにそれは何よりも都市部に関する資料である。田舎のムスリムが同時期に、どうやって啓示のテキストの写しに触れることができたのか、われわれは知らない。本の値段は、十世紀ごろ筆記用具として紙が広く普及したころに、著しく下がったが、その変化を数量化することはできない。第二の進化は、十九世紀の後半に印刷術が広まったころに一致しているが、これは反対によく知られている。値段の根本的な低下によって、実際に多くの民衆がコーランを手に入れることができたのである。

「文庫本」形態のコーランは、十七世紀のはじめから、多くが保存されているが、より古い例が知られている。それは羊皮紙の上に書かれていた。オスマン朝の世界では、この進化は非常に遅れてやってきた。そこでは写本の物質的構成がテキストの構造に反映している、標準的な形態が開発された。テキストの三十分の一、もしくはジュズウはそれぞれが一〇枚の紙片のまとまりであり、つまり写本はそれぞれが三〇〇枚である。それ以外には、それぞれのジュズウのテキスト自体が、それぞれが一五行の割合で写された、節の最初から始まって節の最後で終わる頁に対応する二〇の部分に分けられている。結果として、同じ頁構成の違う二つの写本の頁を、テキストを欠落させたりダブらせたりすることなく、入れ替えることは、理論的には可能である。これを根拠にして後世の人びとは、なんらかの要素に価値を見出すため、またコーランの聖性を明らかにするため、さらにはより深い意味を示唆するために物質的教材として写本を使用するというさまざまな目的が達成できたのであろう。より注目すべき例は、それぞれが一定のテキストのまとまりとして考察された写本のなかに見出される。写字生は、単語や単語の一群が同じ行に来るように、またそれと同じように作られた作品と対応する頁の同じ場所に来るように、それらを滑り込ませるために、本文を縮めたり延ばしたりすることが可能だった。これらの文字は赤字で書かれた。それはテキストの左右対称性を明確にするためであった。その最も印象的な例が二六章であり、文章全体が対称になっている。

これらの写しはコーランを暗記する生徒のためのものであったのだろうか？　そういった使用法は排除することができないにしても、テキストを記憶するための方法として知られているものは、違った方向性を指し示している。これらの写本やその莫大な数がオスマン朝の写字生の生産性を物語っており、細かな規格化の動きは、こういった写本が、買い手の限界を考えながら、社会に非常に広まった要求に応えようとしているという考えに至らせる。印刷術の、もしくはムスリムの写字生が知ることのできたものの影響は、この進化において同様の役割を演じている。依頼主は、それ以外にも、可能な予算に応じて、規格化された彩色文字のようなオプションを選択することができる。これらの冊子は、コーランを永遠に所有したいと思う信者の願望によく合致しているのだろうか？ 小さなサイズの写本は、この役割をまだ充分に果たしていなかった。印刷術は、より精密な小型化の達成と、小型コーランの広範囲な普及を可能にするだろう。それは現代の技術の賜物である。ルーペ付属の、クレジット・カード大に縮小されたテキストは言うまでもない。

テキストの朗誦は、信心の行為であり、見てきたように、写本のワクフ（寄進）の増加が、読み方を習得した者に、コーランを読む機会を与えた。コーランのテキストの写しと、公的な朗誦の繋がりについては、すでに言及したが、私的な信仰におけるその役割は、輪郭を明確化するのがより難しい。おそらくこういった点に関しては、とくに三六、四八、七八章、そしてコーランの終末部の抜粋選集、つまり集団朗誦（上記参照）での使用や、イスラームの卓越性を明確にしようという配慮や、最後のジュズウに信者が慣れ親しんでいることなどに触発されたのであろう選集の出現を理解しなければならない。またこの薄い本は、少しは裕福な信者に、部分的であるにせよ、啓示の写しのより廉価での入手を可能にした。私的使用のための写本の分野においても、疑いようもなく、それぞれの両頁（つまり紙面の左側と、その次頁の右側）において、ジュズウやヒズブを含んでいるものが現われている。その文字サイズは極小である。そういった種類の写本は、イランとインド世界において大きな成功を収めたようである。抜粋版は反対に、トルコ語話者地域において、より人気であった。コーランの一部分、たとえばヒズブの四分の一を日常的に私的に読むことは充分に広がっていることが、現代の記録によって証明されている。

アラビア語を話さない、もしくは完全には習得していない信者には、アラビア語テキストの行間に、アラビア語の文字の順序に対応して、より小さな文字で書かれたその国の言語での翻訳が備わっている冊子がある。ほかには、ときに翻訳のかたちをとって現われる欄外注釈（タフシール）を備えているものがある。もちろんこれは、写字生がそもそも挿入することを計画していた追加要素が付されている写しとは区別されなければならない。ペルシア語で記された最古の例は十二世紀に遡る。トルコ語によるものは、それよりも二世紀近く待たなければならない。もっとあとの時代、十八と十九世紀には、その数は著しく増大したようである。

初期イスラームの偉大な人物の記憶と繋がっている冊子は、写本をめぐって展開された信心の喚起において、独特の地位を占めている。十一世紀以降、そういった資料は、ある場所においては「ウスマーンのコーラン」、他の場所では「アリーのもの」であると指摘されており、またそれらのあいだで発展した習慣を記述している。すでに明らかにされた理由によって、いまだにこれらの写しの日付確定を留保している。歴史学者は、信者に完全に信じられているそれらの信憑性、それらのバラカ（恩寵）は、これらの冊子をもとにした読み方は特別な効力を帯びているとか、信者たちはそれらとの身体的接触を求めていたとかの理由になっている。それらはときには表紙で覆われていたり、家具で守られていたりしていた。長年こういったコーランのいくつかの紙片が保存されていたコルドバにおいて、神聖な儀式は、行列や大蝋燭とともに執り行なわれていた。聖遺物は、金銀細工の表紙で保護されたり、特別な家具に収納されたりしていた。

中世まで「ウスマーンのコーラン」が守られていたダマスカスでは、名士たちはこの写本を読む、もしくはそれを覆うベールの製作に寄付をする特権を有していた。実際、こういったコーランは権力誇示の戦略に利用された。そういうわけで、アッバース朝の宮廷の典礼では、カリフは重要な事例の場合には、コーランをたずさえ、そして預言者にまで遡るというマントと杖をもって、玉座に座ると定められていた。同じ時代、巨大な羊皮紙製コーランを製作するには、名士たちが集結する大掛かりな方法が必要であった。九世紀、アッバース朝のカリフに仕える三人のトルコ人仕官は、三〇ジュズウのコーランを三冊寄進した。この写しは、読まれるよりもまず、見られるためのものであった。それらは啓示の中心的性質を反映していたが、同様に寄進者たちの振る舞いや、共同体における彼ら自身の地位も反映していた。この巨大なコーランの伝統は、何世紀ものあいだ続いていた。紙の製造技術の発達によって、その大きさが材料となる動物の大きさによって制限されていた羊皮紙版でのものよりもさらに大きなものが制作された。以下の二つの事例が、王子たちは写本の大きさに敏感だったことを示している。イェルサレムのアル・アクサー・モスクに寄進された最も大きなコーランはスルタン・マムルーク・バルスベイ（在位一四二二〜三八年）の進物であり、一〇七×八〇センチメートルの大きさである。ある逸話によれば、タルメラン（在位一三七〇〜一四〇五年）は、彼の依頼を受けて書家が制作した写本の小ささへの軽蔑を表わしていたが、すぐあとに、同じ作家によって制作された他の写しが、荷車で運ばなければならないほど大きかったので、その気持ちが称賛へと変わったと伝えられている。外交儀礼では、君主の手紙は大きなサイズでなければならなかった。同様に、制作されたコーランも同じ要求を満たさなければならなかったのである。

「賢者の版」と呼ばれうる写しも同様に知られている。むしろ慎ましやかなその外見は、それらが荘厳さを見せびらかすことを許されていなかったことを示している。それらは、朗誦のさまざまな流派を反映させた、華麗な記号をもつテキストである。このようにさまざまな読み方を書き記すことは一般的ではないように思われる。なぜなら定められた写本は、原則として一つの読み方に従っているものだからである。それ以外にも、こういった「学識深い」冊子は、たとえばテキストのさまざまな断片や、啓示のなかのスーラのそれぞれの年代的位置など、技術的な面についての短い書き込みによってしばしば補完されていた。これらの情報は、彼らがそれらを教える側であったにしろ、学ぶ側であったにしろ、こういった問題の専門家以外の興味を引くようなものではなかった。

Ⅲ　コーランと魔術

ムスリムは、コーランに付された精神的な力について明確な意識をもっている。生活のなかの特定の場面に、ある節を、少なくとも部分的に朗誦することに頼るというのは、この媒介物の効きめについて本質的確信をもっているからである。このコーランの力を実践魔術へと統合することは、最後の二つのスーラ（一一三章と一一四章）――これをイブン・マスウードは彼の選集に含めていなかった――が呪文と見なされているだけより一層自然である。

「言え、『私は黎明の主のお守りにすがります／彼が創造した悪に対抗し／広がりくる闇の悪に対抗し／結び目に息を吹きかける女たちの悪に対抗し／妬む者の妬みの悪に対抗し』」（一一三章一～五）

いくつかのハディースはこういった性質の実践に類似した振舞いをムハンマドに帰している。イスラームは魔術を否定しているということは知られているが、しかしこの糾弾は、黒魔術にしか適応されないようなものであると、とかく理解されている。法学者は、このような疑問に対して、かなり対照的な立場を採った。ある者は、彼らが定義する枠内にあるとして、コーランのそういった使用を許可しているが、他の者たち、たとえばイブン・タイミーヤ（一三二八年没）は、それらを決定的に非難している。

コーランのこのような文脈における使用は、文書の助けを借りるものと、朗誦に基礎を置くものとのあいだで分かれている。後者は、以前に言及された例におけるように、病人に対してききめを浸透させるために、普段は語り手の吐息と組み合わされる。これら両儀式が、あとで飲むための水を入れた容器の上において実施されることはよく知られている。望みを実現させるために、信者は定められた回数、一定の節にせよスーラ全体にせよ、朗誦するように促される。コーランの写本はしばしばその欄外に、特別な効能を示すのに必要な情報が、読者もしくは所有者によって加筆されている。印刷術の導入以降には、こういった欄外メモを備えた版が出版された。

同様の目的のためのコーランの別の使用方法は、書かれたもの自体を使うやりかたである。望む効果をもつであろう節を「摂取する」ためにはさまざまな技術がある。それを紙か木の板に写して、それからインクを取り去るために水の中に入れる。そうでなければ溶かした蜂蜜で紙面に書いても良い。この両ケースでは、病人は儀式の途中に得られた液体を飲み干すのである。定められた規則によれば、護符を作るというのも、この方法の違ったかたちである。またコーランのテキストが書かれた着物というのもあり、それを着た者を守る力があるという。

神秘主義的解釈は、テキスト、文字、母音、子音のそれぞれに特別な力をあてている。奔放ともいえるこういった思索とは無関係に、信者の多くはコーランの文字や単語が精神的力の物理的表象であると確信している。家屋に架けられたコーランの書道は、バックミラーに吊るされた小さな写本と同様に、予防的な効果をもっており、すでに言及されたように、放送に乗せられる朗誦も同じ目的である。インドやパキスタンのムスリムにおいて、コーランをあてずっぽうに開いて子供の名前を選ぶというのも、同じ確信へと繋がっている。

また最終的に、コーランは未来を予知するためにも使われている。ペルシア語のコーランの、とくに十六世紀の、写本が有名な例である。それは偶数頁の終りに、予言を行なうのに必要なすべての要素の一覧表が記されている。その予言はあてずっぽうにコーランを開いて、偶数頁上のある一点に、あてずっぽうに指を置くことによって得られる。

第六章　西洋におけるコーラン受容

I　西洋におけるコーラン翻訳

オリエントのキリスト教徒、とくにビザンツの人びとは、イスラームの出現と、それを奉じる国家の急速な拡張の最初の目撃者だった。しばらくして、北アフリカとイベリア半島の大部分の征服によって、今度は西洋がムスリムと接触した。この状況に対し、両者ともが同じように備えていたわけではなかった。ビザンツの人びとは、アラブを知っており、彼らにイスラームの教義についての情報を提供することのできる情報提供者を駆使できたのに対し、中世西洋の人びとは、征服者たちの宗教についての情報をいままさに何とか集めはじめようとする段階に留まっているようだった。

スペインは、イスラーム世界とキリスト教西洋の接触点を担ったことにより、中世における最初期の翻訳の発祥の地となった。テキストの一部分に限られたいくつかの限定的な試みを別とすれば、クリューニーの僧正、ピエール・ヴェネラーブルによって支援された大計画が、一一四三年にコーランのラテン語訳にこぎつけた。この斬新な仕事を成し遂げたのは、イギリスの聖職者、ケットンのリチャードと、助手のヘルマン某であった。ムスリムの情報提供者も、この必ずしも正確さ第一ではない、むしろ論争的精神の痕跡が支配的である作品に協力した。少し経って、一二一〇年頃、似たような計画がトレドのモザラブ修道参事会員、マルクによって成し遂げられた。そのラテン語は、その先駆者ほど自由奔放ではないことは一目瞭然である。彼の翻訳は、ビブリアンデル（一五四三年）によるヨーロッパで最初に印刷されたその前例ほどには普及しなかったが、同時期にイタリアとドイツにあった地方語への翻訳に最初から役立つことになった。他の古い翻訳を挙げれば、セゴヴィアのジュアンのもの（十五世紀の二五年から五〇年頃）と、ヴィテルブのジルのサークルによってなされたもの（一五一八年）があり、これは彼らの先人たちと同様に、聖職者たちに向けられたものであった。どちらの場合にも、ムスリムが何らかの局面において、また別の場合には計画そのものに協力している。

十六世紀、より広く大衆が触れることのできる民衆語の最初のものが出版されたことによって状況は大きく変わった。一六四七年のアンドレ・ドゥ・ライエによる翻訳は新たな段階を記録した。なぜならそれは直接フランス語でなされたからである。その著者は明らかにムスリムの伝承、とりわけコーラン解釈の資料に慣れ親しんでおり、先駆者たちには見られなかったほど明らかに原典に近い翻訳を世に示した。その世紀の後半期、ドゥ・ライエの作品の英語、ドイツ語、オランダ語の翻訳が出版されたことが彼の成功を証明している。しかしながらその正確さは、一六九八年にパドゥアで刊行されたものより劣っている。それは、イスラームとキリスト教のあいだの論争に材料を提供しようとした、著者であるロドヴィコ・マラキ神父の情報操作の結果である。ラテン語という選択は、市井の学者のためのものとなった。ムスリムの宗教への理解というまったく違った見方では、ジョージ・セイルによる英語の翻訳（一七三四年）がライエのものに徐々に取って代わった。それは他の言語、たとえばフランス語での翻訳をよく参照しており、ヨーロッパ人がコーラン・テキストに対してもっている関心を裏づけている。

のちに、西洋言語での翻訳は倍増した。先駆者たちと同じように、しばしば既存の訳本の翻訳が利用された。アラビア語からの直訳作品に限って、フランス語での最も重要なものを挙げることにする。クロード・サヴァリ・ド・ブレーヴ（一七八三年）、アルバン・ド・カジミルスキ（一八四〇年）、ムハンマド・ハミドゥッラー（一九五九年）、ドゥニス・マッソン（一九六七年）、シー・ハムザ・ブーバクール（一九七二年）、そしてジャック・ベルク（一九九〇年）がそうである。レジス・ブラシェールは二つの版を出版した。実際のところ、それは二つの表現方式によっており、一つはスーラを年代順に並べたものであり（一九四九〜一九五〇年）、もう一方はコーランの配列に従ったものである（一九五七年）。

II　歴史的と文献学的アプローチ

最初の頃、西洋におけるコーラン研究は護教的な文学に限られており、啓示のテキストはしばしばそれらの側面がキリスト教徒の聴衆を驚かすために、また彼らの信条のなかに押し込めるためにふさわしいものに歪曲された。同時に、最初期における雷鳴のようなムスリム侵攻の記憶という、ヨーロッパの戸口への脅威を認識していたため、権威者たちはそれらの探求を抑圧し、禁止した。さらに、ルターはバーレにおいてクリューニー版のラテン語翻訳を出版させることへの懸念をあらわにしている。

とは言いながらも、聖書研究の、またより多くはオリエンタリズムの飛躍によって、多くの知識人たちがアラブへの、そしてそれによってコーランへの興味を抱いた。多くの研究は注釈、もしくはムスリム注釈家の著作へと向かった。それらの動きはできる限りわかりやすい出版物を特別扱いにしており、西洋におけるコーランの歴史と言語についての研究の方向性をできるだけ迅速に提示する以外の目的をもっていないことに疑問はないだろう。

1　言語と文体

ムスリムの知識人によって蓄積された資料は、西洋で進められたコーランの言語に関する研究発展の基礎としての役割を果たした。語彙に関しては、出版以降古典とされている、外来語起源の単語の同定に関するアルチュール・ジェフリーの研究（一九三八年）と、アルヌ・アンブロースによる最近の語彙集（二〇〇四年）がある。

すでに見てきたように、言語学者によるコーランの言語に関しては古典的な二つの仮説が対立している。一つめは、これは多くの人に指示されているのであるが（たとえば、R・ブラシェール、一九六四年）、コーランの言語は前イスラーム期のいくつかの特徴を除いて、ヒジャーズの詩的な共通言語（そこではギリシア語のコイネーという名詞が与えられている）であるという考えである。他方、カール・フォッラース（一九〇六年）は、啓示はムハンマドによって方言で（より正確にはメッカ方言で）発話され、のちにこの詩的なコイネーに再度書き取られたにすぎないと考えている。そしてもっとあとになって提示をしたのはクリストフ・ルクセンベルクで、コーランの言語はアラビア語とシリア語を混ぜたもので、後者への無知が原因で定義に関する多くの研究上の誤りがあると述べている。

コーランの文体の研究は、すでに知られたように、啓示の年代記の確定に重要な役割を果たした。この点において、とりわけ文献学者は一定の期間に現われる変化に対して注意を払ってきた。前イスラーム期文学の形式について知られているごくわずかな事柄との比較はほとんど行なわれなかった。これは詩以外の現存資料の貧弱さが原因である。R・ブラシェールが言っているように、「その文学的質のみによって改宗へと導く、この驚くべき美しさの、そして確かさの啓示は、雄弁術とも詩とも関係のない事実として生じている」というのは本当である。その質についての評価は、正確にはきわめて対照的な判断を引き起こしている。R・ブラシェールは、コーランは「それを読みはじめる者のためらいを打ち壊すだけでなく、その反発を驚きと賞賛へと変えてもしまう」と評価するF・J・シュタインガスの熱狂に共鳴している。反対に、テオドール・ネルデケは「コーランの多くの文章は、信者でない読者にも同様にかなりの修辞を発揮しているにもかかわらず、テキストはいかなる場合にも美的な観点においては偉大な成功を収めているとは言いがたい」と述べている。

2　外的な影響の問題

コーランにおける外的影響の痕跡の探求も同様に、ときには聖書研究から借用された方法をもって非常にさまざまな研究を生み出した。コーランの特殊性を弁護する者にとって、このようなアプローチはしばしば好ましくないものである。A・ジュフリーの甚大なる貢献は、この語彙の次元での借用の問題に手を付けているが、とりわけ本質的な努力は「典拠」――それはつねにムスリムの教義と両立しえないと見なされている概念である――に突き当たる。

コーランの節において言及されている聖書の数々のかたちは（シュパイヤー、一九三一年。トットリ、二〇〇二年）、それが一般的に「昔の人たちの書いたもの／物語」であると言及されるほど（二五章五）ムハンマドの聴衆がその歴史に親しんでいたことを示している。ただし、テキストが暗示に留まっていることは珍しくはない。ヨセフの物語は、スーラ全体を占めているという点で（一二章）、例外である。とりわけより後期のスーラにおいては聖書が明確に言及されている。そこではしばしばトーラーや詩篇や福音書が問題にされている。福音書に関しては、単数形で現われており、正典的な四つの福音書の存在が知られていなかったということを推測させる。

全体としてごく最近まで、研究者は、ほぼ文字通り聖書を引用している二つの節を除いて（二一章一〇五が詩篇三七－二九、五章四五が出エジプト記二一－二三～二五とレビ記二四－一七～二〇）、正確な対応箇所を見つけるのに苦労した。その他の場合、状況はもっと混乱している。旧約聖書と関係をもっているであろう要素の典拠が直接的にそうであるわけではない。それはヨセフの物語で「創世記」と違っている部分があるということによって明らかである。新約聖書の人物、とくにイエスは、揺籃期の外典福音書に部分的に由来しているようである。マリア、受胎告知、降誕、そしてイエスの幼年期に関係している話は明らかにこれらのテキストに依拠している。イエスと瓜二つの人間が磔刑に処されたという話も同じくこれに由来している（四章一五七）。そのうえ、コーランにおけるイエスは、キリスト教の典拠には並行箇所が存在しないような発言を何度も行なっている。

同様に、その一部はロクマーンという人物に結び付けられる（とくに三一章一二など）知恵物語の断片の存在が見受けられる。それは、しばしば聖書や預言的人物と結びついた、「賢さ」の重要性を強調している。この格言という文学的ジャンルは、同時にユダヤ＝キリスト教的伝統の一部をなしている。小説的な話、一方ではアレクサンドロス大王伝、他方ではエフェソスの七人の眠り人の伝説、これらはコーランによって語り直された。まず、二つの節のうちの一つにおいて、アレクサンドロスがモーセに置き換えられていることは記しておかなければならない（一八章六〇～六四）。最後に、マニ教からの影響の問題は、「預言者の封印」の概念と関係して示された（三三章四〇）。これらの異なった要素については、依然として宗教史の専門家にとっての調査領域である。ムハンマドへの情報提供者の同定は、こういった影響を与えることができた仲介者を見つけることを可能にしてくれる（ジョ、一九九八年）。

ユダヤ教から借用された要素の研究は、北東アラビアにおけるユダヤ人共同体の存在が知られているのだから、当然のことである。キリスト教に関する状況とは違い、コーランにおけるその借用の可能性についての研究は、パウル・カサノヴァ（一九一一～一九一三年）のものを除けば、より範囲が制限されている。ギュンター・リューリング（一九七四年）とC・ルクセンベルク（二〇〇〇と二〇〇四年）による二つの急進的で異論にさらされている仮説が、啓示とキリスト教文学との繋がりの可能性に触れている。彼らの先駆者の何人かと同じように、この二人はラスム、とりわけ弁別符号に関するものが間違って伝えられた可能性を検討している。そこでG・リューリングは、アリウス派の立場に影響を受けたキリスト教の原典を同定するに至った。C・ルクセンベルクはその過程をより推し進め、コーランの言語をアラビア語とアラム語の混淆であると考え、シリア語の助けを大きく求めるテキストの読み方を提示している。とはいえ、どのような違いがあるとしても、彼らは二人とも、キリスト教に非常に大きく影響された環境を前提としている。

3　テキストの年代記的研究

コーランのテキストの年代記は十九世紀の中ごろ以来、歴史家の興味の対象となった。ギュスターヴ・ヴェイユの出版（一八四四と一八七二年）はムスリムの伝統に基礎を置き、テキストの分析によって補完された四つの段階における周期化を提示している。テキストの主題的、文体的周期の同定と、それが含んでいる歴史的暗示に基礎を置くこの方法は、同様にヨーロッパのおもだった専門家が従ったものである。T・ネルデケはその『コーランの歴史』の初版において、またそれを非常に高い精度で推し進めたフリードリヒ・シュヴァリー（一九〇九年）が、そしてまたR・ブラシェールがこの方法に従っている。それはたとえば、ムスリムの伝承が伝えているようなムハンマドの伝記的情報を、分類への補助程度に留めておこうとしたウィリアム・ムイールの態度とは区別される。ネルデケとブラシェールによれば、結局、預言者の人生とコーランにおける周知の段階のあいだの繋がりは恒常的なのである。また読者はムハンマドの伝記、たとえばマキシム・ロディンソンのもの（一九六一年）を参照することによって補足的な情報を見出すことができる。

こんにち、コーランのテキストの日付を確定するより入念な試みは、疑いなく、リチャード・ベルの翻訳のなかに現われている程度に留まっている。スーラを一般的に一つのまとまりであると見なしていた先人たちと違い、R・ベルは、小さなサイズの集まりとして――一つのものをいくつかの節に分けて――啓示の「基礎のまとまり」の同定と、日付の確定をしようと努力している。このアプローチは、とくに古いスーラにおける比較的遅めの日付の挿入という、重要な改編をもたらした。それに関してR・ブラシェールは留保を付けているが。ジョン・ワンズブローの仮説（一九七七年）はこの理論の範疇に含まれるが、はるか八世紀終わり頃のイラクの編纂者集団による預言的ロギアの編集までに至る、伝播の長期的過程という仮説を形成している。アンゲリカ・ノイヴァート（一九八一年）は反対に、メッカ期のスーラは、書かれる以前に明確な意図を有していた、一貫性のある構成であると考えている。現在、全体像は、結局のところ一世紀半前になされた提案と比較的近い位置に留まっている。メッカとメディナにおける宣教のあいだの伝統的な区別は引き継がれたが、メッカ期は三つの段階に再分割された。おおよそのところ、第一はエチオピアへの移住によって（六一五年頃）、第二はターイフへの帰還によって（六二〇年頃）、第三はメディナへの出発によって（六二二年）終わりを迎える。反対に、つい最近の独特な見解では、年代決定と、典礼の枠内における朗誦の機能とのあいだに関係を成立させようと努力している。

ムスリムの伝承による現存文書と、よりあとの文書によるシナリオは、多くの知識人に受け入れられている。ムハンマド自身の権威のもとになされた校訂を考慮に入れたジョン・バートンの仮説はあまり多くの反響を呼ばなかった。J・ワンズブローのものは活発な議論を引き起こしたが、より古い写本の研究、とくに炭素一四方式による七世紀後半以来の普及版の流通を裏づける羊皮紙の年代決定によって収束した。

4　伝播の歴史に関する研究

一方、T・ネルデケは古代の写本の伝播はそれほど重要ではないという結論に達し、以降の研究はこの伝播を再評価することに注がれた。より古い断片を同定するためというのが大きな理由である。ミシェル・アマリによる先駆的な研究はナビア・アボットのもの（一九三九年）によって発展させられた。『コーランの歴史』（一九三八年）の三巻において、ゴットヘルフ・ベルクシュトレッサーとオットー・プレッツルは、非常に野心的な研究の基礎を写本に置いている。一方、二十世紀の終わりに、最も古い写本が体系的なかたちで出版されはじめたということに注意を向けなければならない（デロッシュとノジャ、一九九八と二〇〇二年）。サナアの大モスクにおいて倉庫でゴミとして保管されていた断片が発見されたことは、コーランの彩色装飾の歴史に関しても（フォン・ボットマー、一九八七年）、テキストの歴史に関しても、科学者グループの興味を刺激した。彼らの科学的研究成果にもとづいた版は、いまなお期待されている。さまざまな長所にもかかわらず、カイロ版は実際、文献学者たちの期待には応えていない――たしかにカイロ版の目的はそのようなものではないのである。最近ベルリン・ブランデンブルク科学アカデミーによって行なわれているコルプス・コーラニクム（Corpus Coranimcum）のプロジェクトが、おそらくこれを達成してくれるのではないだろうか。

伝播の歴史は同様に、世紀末においてコーランが伴なう芸術的表現の歴史でもある。印刷術がより遅れて導入されたことにより、書道はこの点において優れた位置を占めている。調査されるべき写本の膨大な量にもかかわらず、何世紀ものあいだ使われてきたさまざまな文体に関する研究はかなり進展した。コレクションや展覧会のカタログが、こういった点を認識させるのに多大な貢献を果たしたことは間違いない。同様に、碑銘学の進歩が、碑文におけるコーランの利用のより正確な姿を明らかにしてくれる。だからといってコーランの写本の彩色装飾が無視されたわけではない。たとえばマーティン・リングスが出版した（一九七六年）写真集のようなものは、コーランという本の特殊な芸術形態について高まっている興味への入門書となってくれる。それでも、コーランの歴史が、いまだにきわめて少ししか探索されておらず、研究分野を残している書物であることにかわりない（デロッシュ、二〇〇四年）。本当のところを言えばテキストの伝播ではないにもかかわらず、碑文や、あらゆる引用の形式へのコーラン文書のその他の利用は、それら独自の方法によって、この歴史に貢献している。

一方、口承伝承は研究者の興味をあまりひいていない。たしかに、さまざまな読者の体系の研究は、非コーランの異本のものも同様に、コーランの特性評価を可能にしてくれる。しかし、それはその研究が首尾よく成し遂げられ、教えの支えとなった写本を通してである。ウィリアム・A・グラハムの貢献（一九八九年）は、この点において、独特の進歩を示している。しかしながら、この伝播の歴史的様相と方法は、ふさわしい文献資料が欠如しているため、いまだに不明瞭なままである。

訳者あとがき

本書は、François Déroch, *Le Coran* (Coll.« Que sais-je? » n°1245, Paris, PUF, 2e édition, 2008) の全訳である。著書のフランソワ・デロッシュは、一九五二年十月二十四日生まれである。出身地はフランス北東部の都市メッスであるが、中等教育はナンシーで受けた。その後、リセ・アンリ四世のグランドゼコール受験準備学級を経て、パリ、ユルム通りの高等師範学校（エコール・ノルマル・シュペリウール）に進学、また高等研究実習院（エコール・プラティーク・デ・オート・ゼテュード）、国立東洋言語文化研究所（INALCO）、カトリック学院（アンスティテュー・カトリック）の古典東洋言語研究所（エコール・デ・ラング・オリエンタル・アンシェンヌ）にてセム語（ゲエズ語、アムハラ語、ヘブライ語、アラビア語）を習得した。古典文学の教授資格試験（アグレガシオン）を通過したのち、国立図書館でコーランの写本のカタログ製作に従事した。そうしてアラビア語写本の分野における専門性を伸ばしたのちに、イスタンブールのフランス・アナトリア研究所（アンスティテュー・フランセ・デテュード・アナトリエンヌ）にて研究を行なった。また一九九〇年以来、高等研究実習院の所長も務めており、フランス学士院の碑文古文書学院（アカデミー・デザンスクリプシオン・エ・ベルレットル）のコレスポンダン会員でもある。おもな研究テーマは「ムスリム世界における書物とアラビア語写本学の歴史」、「コーラン写本の伝播」である。

本書以外の著作には、以下のようなものがある（いずれも邦訳はなし）。

• *Le livre manuscrit arabe. Préludes à une histoire*, Paris, Bibliothèque nationale de France, 2004.（『アラビア語写本の本――歴史への序章』）

• *Manuel de codicologie des manuscrits en écriture arabe*, Paris, Bibliothèque nationale de France, 2000.（『アラビア語写本学教本』）

• *Buchkunst zur Ehre Allâs. Der Prachtkoran im Museum für Islamische Kunst*, Berlin, SPKB, 1999.（『至高なるアッラーへの書籍芸術――イスラーム芸術博物館の輝けるコーラン』）

• *The Abbasid tradition. Qur'âns of the 8th to the 10th centuries*, London, Azimuth ED., 1992.（『アッバース朝の伝統――八世紀から十世紀にかけてのコーラン』）

本書の内容を最初から眺めてくださった方にはわかるだろうが、本書はイスラームの聖典であるコーランを、膨大な西洋の文献学研究の裏づけのもとに扱った本である。試みにお近くの書店の棚を見てくだされればわかると思うが、コーランをこういった形で取り上げた研究書は日本ではきわめて少ない(本書でも言及されていたリチャード・ベルの著作である『コーラン入門』は筑摩書房から翻訳が出ていたが、二〇〇九年現在絶版である)。また日本人によるコーラン入門書としては、井筒俊彦による名著『コーランを読む』が岩波書店から刊行されていたが、こちらも文献学的見地からの解説は少ない(井筒氏独特の、非常に切れ味の鋭い考察に満ちており、本書を読んでコーランの内容に触れてみたくなった方には、ぜひとも読んで頂きたい名著であるが、こちらも二〇〇九年現在絶版)。

もともと文献学というものは、西洋古典の作品や聖書を分析する学問として成立したものであるが、本書でも明らかにされているように、西洋の研究者はかなり早い時期からこのイスラームの聖典に対しても彼らの学問的成果を適用しはじめた。現在では、こういった文献学的研究の背景を抜きにしては研究など考えられないほどに基本的なものなのである。しかし日本における文献学は、まだまだ発展途上の段階であり、また日本で出版されている多くの「コーラン入門書」は啓蒙的性格が強調されているため、ともすれば専門的になりがちであり、また多くの読者にとっては細かな議論が延々と続けられているように見られがちな文献学的研究成果は、あまり読者の目には触れることがなかった。実際、ユダヤ＝キリスト教のようなセム的一神教の基礎知識を持たない日本人読者にとっては、少々専門的であると思われる記述も、本書にはまま見受けられる。しかし、いつまでも初心者向けの啓蒙書しかないのでは心もとなないし、それらの本を読んでさらなる興味を抱いた読者の知的興味を満たすこともできないであろう。そういった意味でも、本書のような本が出版刊行されるのは大きな意義があると考えられるのである。

本書の内容を以下に簡単ながら説明しておく。

第一章は、コーランの啓示を神から与えられたムハンマドに関する記述が中心である。歴史的事実が述べられている箇所も多いため、中東史についての本などを調べれば、より詳しい説明が容易に見つけられると思う。おもに政治的事実を中心とした外的要因とムハンマドのかかわり方、そしてそれに伴う啓示の変化について述べられている。

第二章は、テキストとしてのコーランの成立史やテキスト分析などである。コーランを神の啓示と見る立場と一冊の書物であると見る立場は決して対立するものではないのであるが、日本においてはあまり重視されてこなかった分野である。したがって、日本人によって書かれた入門書において、本章で書かれているような文献学的内容を目にする機会はあまりないと思われる。またそのせいで、前提知識がまったくない読者は本章を難しく感じるかもしれないが、あまり語られてこなかったぶん、興味深い分野でもある。

第三章は、コーランに現われる主題をいくつかリストアップして解説している。とくにファーティハや神、最後の審判、預言者の封印などは一般的な入門書でも好んで取り上げられる要素であるので、より詳しい説明を望む方は、そういった入門書、解説書を読まれるといいだろう。最後の共同体の規則については、昔からイスラーム法の厳格さは広く喧伝されていたが、そういった要素がマイナスのイメージを与える可能性もあり（実際、マイナスのイメージを与えるために強調された例もあるだろう）、最近の入門書、とくに啓蒙的な性格の本ではさほど大きく取り上げられることがない。ユダヤ教などの律法についての知識がある方が読めば、その対比が興味深いであろうと思われる。

第四章は、第二章と並んで日本人読者には馴染みの薄い分野であると思われる。歴史学などの分野では写本研究は重要視されているが、コーランが一体どういった形で伝わってきたのだろうかなど、普通の日本人が思いもつかなかった問題ではないだろうか。それだけに日本人読者にはとっつきにくいところもあるかもしれないが、著者デロッシュの研究成果が最も発揮されているのが本章と第二章であると思われる。

第五章は、ムスリム社会においてコーランはどのように読まれ、また扱われてきたのかを解説している。ムスリム社会におけるコーランの朗誦方法や朗誦コンクール、また魔術への利用など、ムスリム文化に馴染みの薄かった日本人にとっては、なかなか知ることのできない内容だろう。

第六章は、西洋世界におけるコーランの移入を扱っている。西洋は最初期のイスラームとすでに交流をもっており、本章でも明らかにされているように、かなり早い時期からコーランの研究が行なわれてきた。もともと初期の翻訳家たちは宗教的背景をもち、「異教徒」に対する敵意によってコーランを紹介したのかもしれないが、そういった積み重ねが現在の研究の基礎になっているという点も無視することはできない。全体的に西洋の話題が多く、日本人読者には理解しづらい分野ではあるが、重要な分野であることも否定できない。

本文に引用されているコーランの句は、前書きでデロッシュが言っているように、著者自身の解釈が加えられた文章であり、正確な訳ではあるが決して直訳ではない。よってアラビア語の本文を参照しつつも、基本的にはデロッシュによるフランス語訳を基礎とした。ほぼ同じではあるが、ところどころアラビア語原文とはニュアンスの違う箇所がある点、ご了承願いたい。

最後に、遅々として筆の進まない訳者を様々な面においてフォローしてくださった白水社編集部の中川すみ氏に謝意を表したい。氏がいなければ、この訳書が日の目を見ることはなかったであろうことは明らかである。

二〇〇九年十月

小村優太

参考文献

コーラン

テキスト

[al-Qur'ân al-karîm], Le Caire, 1923.

Corani textus arabicus, éd. G. Flügel, Leipzig, Tauchnitz, 1834 et rééd.

翻訳

Ihsanoğlu E. (éd.), *World Bibliography of Translations of the Meaning of the Holy Qur'ân. Printed Translations 1515-1980*, Istanbul, IRCICA, 1406/1986.

Le Coran (al-Qur'ân), trad. R. Blachère, Paris, G.-P. Maisonneuve & Larose, 1966.

Le Coran, traduction nouvelle, 2 vol., Paris, G.-P. Maisonneuve & Larose, 1949-1950.

Le Coran, trad. D. Masson, Paris, Gallimard, 1967(«Bibliothèque de la Pléiade»).

Le Coran, trad. M. Hamidullah avec la collaboration de M. Léturmy, Paris, Club français du livre, 1959.

Le Coran, trad. et commentaire de Si Boubakeur Hamza. 2 vol., Paris, Fayard-Denoël, 1972.

Le Coran, trad. J. Berque, Paris, Sindbad, 1990.

Der Koran, trad. R. Paret, 2 vol., Stuttgart, Kohlhammer, 1963-1966.

The Qur'an, trad. R. Bell, 2 vol., Edinburgh, T. & T. Clark, 1937-1939.

辞書・用語索引

Ambros A., avec la collab. de S. Prochazka, *A Concise Dictionary of Koranic Arabic*, Wiesbaden, Reichert Verlag. 2004.

'Abd al-Bâqî M. F., *al-Mu'jam al-mufahras li-alfâẓ al-Qur'ân al-karîm*, Le Caire, 1945, et rééd.

ムハンマドの伝記

Ibn Hichâm, *La vie du prophète Mahomet. Epitomé ou abrégé* (trad. W. Abdallah), Paris, Fayard, 2004.

Rodinson M., *Mahomet*, Paris, Le Seuil, 1961 et rééd.

Watt W. M., *Mahomet à la Mecque*, Paris, Payot, 1977 ; *Mahomet à Meédine*, Paris, Payot, 1978.

コーランに関して

全般

Blachère R., *Introduction au Coran*, 2e éd., Paris, Besson & Chantemerle, 1959 ; *Histoire de la littérature arabe des origines à la fin du XVe siècle de J.-C.*, fasc. II, Paris, Adrien Maisonneuve, 1964.

Cook M., *The Koran. A Very Short Introduction*, Oxford, Oxford University Press, 2000.

Dictionnaire du Coran, sous la dir. de M. A. Amir-Moezzi, Paris, Robert Laffont, 2007.

Encyclopaedia of the Qur'ân, J. D. McAuliffe (éd.), 6 vol., Leyde, Brill, 2001-2006.

Rippin A. (éd.), *The Blackwell Companion to the Qur'ân*, Oxford, Blackwell publishing, 2006.

Schoeler G., *Écrire et transmettre dans les débuts de l'islam*, Paris, PUF, 2002.

Sourdel D. et Sourdel-Thomine J., *Le vocabulaire de l'islam*, Paris, PUF, 2002.

Watt W. M. et Bell R., *Bell's Introduction to the Qur'ân*, Edimburgh, Edinburgh University Press, 1970.

Welch A.-T., article « Kur'ân », *Encyclopédie de l'islam*, 2e éd., t. V, p.401-431.

文書と芸術の伝播

Abbott N., *The Rise of the North-Arabic Script and its Qur'ânic Development*, Chicago, The University of Chicago Press, 1939.

Bothmer H. C. von, Architekturbilder im Koran, Eine Prachthandschrift der Umayyadenzeit aus dem Yemen, *Pantheon*, 45(1987), p.4-20.

Déroche F., *Le livre manuscrit arabe. Préludes à une histoire*, Paris, BNF, 2004.

Déroche F. et Noja S., *Le manuscrit arabe 328 (a) de la Bibliothèque nationale de France*, Lesa, Fondazione Ferni Noja Noseda Studi arabo islamici, 1998 [Sources de la transmission manuscrite du texte coranique I, 1] ; *Le manuscrit Or. 2165 f. 1 à 61 de la British Library*, Lesa, Fondazione Ferni Noja Noseda Studi arabo islamici, 2002 [Sources de la transmission manuscrite du texte coranique I,2,1].

James D., *Qur'ans and Bindings from the Chester Beatty Library. A Facsimile Exhibition*, London, World of Islam Festival Trust, 1980.

Lings M., *The Quranic Art of Calligraphy and Illumination*, London, World of Islam Festival Trust, 1976.

専門研究

Bobzin H., *Der Koran im Zeitalter der Reformation. Studien zur Frühgeschichte der Arabistik und Islamkunde in Europa*, Stuttgart, Franz Steiner Verlag, 1995 [Beiruter Texte und Studien 42].

Burton J., *The Collection of the Qur'ân*, Cambridge, Cambridge University Press, 1977.

Casanova P., *Mohammed et la fin du monde. Étude critique sur l'islam primitif*, 2 vol., Paris, Geuthner, 1911-1913.

Gillot C., Les « informateurs » juifs et chrétiens de Muhammad. Reprise d'un problème traité par Aloys Sprenger et Theodor Nöldeke, *Jerusalem Studies in Arabic and Islam*, 22 (1998), p.84-126.

Graham W. A., *Beyond the Written Word, Oral Aspects of Scripture in the History of Religion*, Cambridge et New York, Cambridge University Press, 1989.

Jeffery A., *The Foreign Vocabulary of the Qur'ân*, Baroda, Oriental Institute, 1938.

Jomier J., *L'islam vécu en Égypte*, Paris, J. Vrin, 1994.

Lüling G., *Über den Ur-Qur'ân. Ansätze zur Rekonstruktion vorislamischer christlicher Strophenlieder im Qur'ân*, Erlangen, H. Lüling, 1974 (trad. anglaise *A Challenge to Islam for Reformation*, Delhi, 2003).

Luxenberg C., *Die syro-aramaïsche Lesart des Koran. Ein Beitrag zur Entschlüsselung der Koransprache*, Berlin, Das Arabische Buch, 2000 ; 2e éd., 2004 ; Noël dans le Coran, *Enquête sur l'islam*, A. M. Delcambre et J. Bosshard (éd.), Paris, Desclée de Brouwer, 2004, p.117-138.

Muir W., *The Corân, its Composition and Teaching, and the Testimony it Bears to the Holy Scriptures*, London, Society for promoting Christian knowledge, 1878.

Neuwirth A., *Studien zur Komposition der mekkanischen Suren*, Berlin-New York, W. de Gruyter, 1981.

Nöldeke T., *Geschichte des Qorâns*, 2e éd. en 3 vol., révisée par F. Schwally, t.I : *Über den Ursprung des Qorâns* ; t. II : *Die Sammlung des Qorâns*, Leipzig, Dieterich, 1909-1919 ; par G. Bergsträsser et O. Pretzl, t. III: *Die Geschichte des Qorantexts*, Leipzig, Dieterich, 1938.

Prémare A.-L. de, *Aux origines du Coran. Questions d'hier, approches d'aujourd'hui*, Paris, Téraèdre, 2004.

Speyer H., *Die biblischen Erzählungen im Qoran*, Hildesheim, G. Olms, 1961 (réimpr. de l'éd. de 1931).

Tottoli R., *Biblical Prophets in the Qur'ân and Muslim Literature*, Richmond (Surrey), Curzon, 2002.

Vollers K., *Volkssprache und Schriftsprache im alten Arabien*, Strasbourg, K. J. Trübner, 1906.

Wansbrough J., *Quranic Studies. Sources and Methods of Scriptural Interpretation*, Oxford, Oxford University Press, 1977.

Weil G., *Historisch-kritische Einleitung in den Koran*, Bielefeld, Velhagen & Klasing, 1844 ; 2e éd. plus développée, Bielefeld-Leipzig, 1872.

邦語参考文献
（訳者による）

井筒俊彦『コーラン（上・中・下）』，岩波文庫，1957-1958年.
井筒俊彦『イスラーム文化――その根底にあるもの――』，岩波文庫，1991年.
井筒俊彦『マホメット』，講談社学術文庫，1989年.
井筒俊彦『コーランを読む』，岩波書店，1983年.
井筒俊彦『イスラーム生誕』，中公文庫，1990年.
リチャード・ベル『コーラン入門』（医王秀行訳），ちくま学芸文庫，2003年.
マイケル・クック『コーラン』（大川玲子訳），岩波書店，2005年.

訳者略歴
小村優太（こむら・ゆうた）
一九八〇年生まれ
東京外国語大学外国語学部アラビア語学科卒
東京大学総合文化研究科超域文化科学専攻
（比較文学比較文化）博士課程在籍
イスラーム思想専攻

コーラン
構造・教義・伝承

二〇〇九年一一月 五 日印刷
二〇〇九年一一月三〇日発行

訳　者 © 小村優太
発行者　川村雅之
印刷所　株式会社 平河工業社
発行所　株式会社 白水社

東京都千代田区神田小川町三の二四
電話 営業部〇三（三二九一）七八一一
　　 編集部〇三（三二九一）七八二一
振替 〇〇一九〇―五―三三二二八
　　 郵便番号一〇一―〇〇五二
http://www.hakusuisha.co.jp
乱丁・落丁本は、送料小社負担にて
お取り替えいたします。

製本：平河工業社
ISBN978-4-560-50941-8
Printed in Japan

文庫クセジュ

哲学・心理学・宗教

13 実存主義
25 マルクス主義
114 プロテスタントの歴史
193 哲学入門
196 道徳思想史
199 秘密結社
228 言語と思考
252 神秘主義
326 プラトン
342 ギリシアの神託
355 インドの哲学
362 ヨーロッパ中世の哲学
368 原始キリスト教
374 現象学
400 ユダヤ思想
415 新約聖書
417 デカルトと合理主義
444 旧約聖書
459 現代フランスの哲学
461 新しい児童心理学
468 構造主義
474 無神論
480 キリスト教図像学
487 ソクラテス以前の哲学
499 カント哲学
500 マルクス以後のマルクス主義
510 ギリシアの政治思想
519 発生的認識論
520 アナーキズム
525 錬金術
535 占星術
542 ヘーゲル哲学
546 異端審問
558 伝説の国
576 キリスト教思想
592 秘儀伝授
594 ヨーガ
607 東方正教会
625 異端カタリ派
680 ドイツ哲学史
697 オプス・デイ
704 トマス哲学入門
707 仏教
708 死海写本
722 薔薇十字団
723 インド教
726 ギリシア神話
733 死後の世界
738 医の倫理
739 心霊主義
742 ベルクソン
745 ユダヤ教の歴史
749 ショーペンハウアー
751 ことばの心理学
754 パスカルの哲学
762 キルケゴール
763 エゾテリスム思想
764 認知神経心理学
768 ニーチェ

文庫クセジュ

文庫クセジュ

歴史・地理・民族(俗)学

62 ルネサンス
79 ナポレオン
116 英国史
133 十字軍
160 ラテン・アメリカ史
191 ルイ十四世
202 世界の農業地理
297 アフリカの民族と文化
309 パリ・コミューン
338 ロシア革命
351 ヨーロッパ文明史
382 海賊
412 アメリカの黒人
428 宗教戦争
446 東南アジアの地理
491 アステカ文明
506 ヒトラーとナチズム
530 森林の歴史
536 アッチラとフン族
541 アメリカ合衆国の地理
557 ジンギスカン
566 ムッソリーニとファシズム
568 ブラジル
586 トルコ史
590 中世ヨーロッパの生活
597 ヒマラヤ
602 末期ローマ帝国
604 テンプル騎士団
610 インカ文明
615 ファシズム
636 メジチ家の世紀
648 マヤ文明
664 新しい地理学
665 イスパノアメリカの征服
669 新朝鮮事情
684 ガリカニスム
689 言語の地理学
705 対独協力の歴史
709 ドレーフュス事件
713 古代エジプト
719 フランスの民族学
724 バルト三国
731 スペイン史
732 フランス革命史
735 バスク人
743 スペイン内戦
747 ルーマニア史
752 オランダ史
755 朝鮮半島を見る基礎知識
760 ヨーロッパの民族学
766 ジャンヌ・ダルクの実像
767 ローマの古代都市
769 中国の外交
781 カルタゴ
782 カンボジア
790 ベルギー史
791 アイルランド
806 中世フランスの騎士
810 闘牛への招待

文庫クセジュ

文庫クセジュ

社会科学

357 売春の社会学
396 性関係の歴史
483 社会学の方法
616 中国人の生活
654 女性の権利
693 国際人道法
717 第三世界
740 フェミニズムの世界史
744 社会学の言語
746 労働法
786 ジャーナリストの倫理
787 象徴系の政治学
824 トクヴィル
837 福祉国家
845 ヨーロッパの超特急
847 エスニシティの社会学
887 NGOと人道支援活動
888 世界遺産
893 インターポール
894 フーリガンの社会学
899 拡大ヨーロッパ
907 死刑制度の歴史
917 教育の歴史
919 世界最大デジタル映像アーカイブ INA
933 ファッションの社会学

文庫クセジュ

芸術・趣味

文庫クセジュ

自然科学

60 死
110 微生物
165 色彩の秘密
280 生命のリズム
424 心の健康
609 人類生態学
701 睡眠と夢
761 薬学の歴史
770 海の汚染
794 脳はこころである
795 インフルエンザとは何か
797 タラソテラピー
799 放射線医学から画像医学へ
803 エイズ研究の歴史
830 宇宙生物学への招待
844 時間生物学とは何か
869 ロボットの新世紀
875 核融合エネルギー入門
878 合成ドラッグ
884 プリオン病とは何か
895 看護職とは何か
912 精神医学の歴史